1ª edição - Outubro de 2021

Coordenação editorial
Ronaldo A. Sperdutti

Capa
Juliana Mollinari

Imagem Capa
Shutterstock | poludziber

Projeto gráfico e diagramação
Juliana Mollinari

Revisão
Alessandra Miranda de Sá

Assistente editorial
Ana Maria Rael Gambarini

Impressão
Gráfica PlenaPrint

Av. Porto Ferreira, 1031 | Parque Iracema
CEP 15809-020 | Catanduva-SP
17 3531.4444

www.**lumeneditorial**.com.br
www.**boanova**.net

atendimento@lumeneditorial.com.br
boanova@boanova.net

Dados Internacionais de Catalogação na Publicação (CIP)
(Câmara Brasileira do Livro, SP, Brasil)

Julius (Espírito)
    A história de Rebeca /[pelo Espírito]
Julius ;[psicografado por] Mônica Antunes
Ventre. -- 1. ed. --Catanduva, SP : Lúmen
Editorial, 2021.
    ISBN 978-85-7813-229-3

    1. Obras psicografadas 2. Romance espírita
I. Ventre, Mônica Antunes. II. Título.

21-70948   CDD-133.9

Índices para catálogo sistemático:

1. Romance espírita : Espiritismo   133.9

Maria Alice Ferreira - Bibliotecária - CRB-8/7964

Impresso no Brasil – Printed in Brazil
01-10-21-3.300

A HISTÓRIA DE REBECA

PSICOGRAFIA DE MÔNICA ANTUNES VENTRE
PELO ESPÍRITO JULIUS

LÚMEN
EDITORIAL

"Não adornes templos ou palácios, mas tua alma, pois nela se faz tua morada".

SUMÁRIO

Capítulo 1 8
Capítulo 2 13
Capítulo 3 18
Capítulo 4 24
Capítulo 5 29
Capítulo 6 33
Capítulo 7 38
Capítulo 8 43
Capítulo 9 48
Capítulo 10 53
Capítulo 11 58
Capítulo 12 63
Capítulo 13 68
Capítulo 14 72
Capítulo 15 77
Capítulo 16 82
Capítulo 17 87
Capítulo 18 92
Capítulo 19 97
Capítulo 20 102
Capítulo 21 107
Capítulo 22 112
Capítulo 23 118
Capítulo 24 123
Capítulo 25 128
Capítulo 26 133
Capítulo 27 138
Capítulo 28 143
Capítulo 29 148
Capítulo 30 153
Capítulo 31 158
Capítulo 32 163
Capítulo 33 168
Capítulo 34 173
Capítulo 35 178
Capítulo 36 183
Capítulo 37 188
Capítulo 38 193
Capítulo 39 198
Capítulo 40 203

CAPÍTULO 1

Corria o ano de 250 d.C. Eram dias tumultuados em Roma. Questões religiosas faziam com que patrícios se dividissem sobre como deveriam exercitar sua fé. Os governadores daquele Estado tinham em mãos o domínio sobre os cidadãos da época, e era preciso estar vigilante para não perecer.

Em um vilarejo mais afastado do centro, existia uma família de pastores que retirava seu sustento do que plantava e dos animais que criava. Vivia de forma simples, e a fé que tinha no Cristo inspirava a conduta que deveria seguir.

Constanza estava para dar à luz o terceiro filho. As dores do parto já se faziam sentir, e Teotônio fora chamar a parteira da época para socorrer a esposa.

Os outros pequenos, um de dois e outro de três anos, assistiam à mãe se contorcer e foram então retirados do singelo quarto onde Constanza pedia a Deus que Ele a ajudasse naquela hora.

Em pouco mais de uma hora nascia a primeira filha do casal.

Teotônio a segurou e comentou que era tão bonita quanto a mãe. Já tinham dois meninos e sentiu-se feliz em ver uma menina a completar a família. Sim, porque Constanza faria 25 anos e não deveria ter mais filhos.

Constanza, por sua vez, sentia-se cansada, mas também feliz. Aquele parto fora mais difícil que os outros. A parteira tivera de usar todo o seu conhecimento para que a criança não nascesse sem vida. Pedira depois que deixassem Constanza descansar, e o bebê, ao lado da mãe, ainda não tinha nome.

Teotônio, em sua fé, ajoelhou-se diante de uma pequena cruz que havia no aposento e agradeceu por tudo ter corrido bem. Pensou em qual nome daria à filha. Falaria com sua esposa.

Assim que Constanza sentiu-se mais descansada, amamentou a pequena, que agora chorava a pedir o alimento para si. Viu que Teotônio estava de pé a contemplar aquela cena.

– É uma linda menina, não é? – perguntou a esposa.

– Sim, como você – e a beijou na testa.

O amor de ambos era visível aos olhos de quem os visse ali.

– Que nome poderíamos dar a ela?

– Não pensei ainda nisso, meu querido. As forças foram-me tiradas e só agora começo a ter noção de tudo novamente.

– Que tal Rebeca?

– Sim, é um nome muito bonito, mas será que devemos, visto que ainda não temos a liberdade de exercitar nossa fé? Temo por nossa filha.

– Acredito que não haverá problema. Vivemos afastados dos grandes centros. Quem poderia nos fazer mal?

– É verdade – concordou Constanza. – Então ela se chamará Rebeca – e a abençoou com o sinal da cruz em sua pequena fronte.

Logo os irmãozinhos vieram ver a menina, que, alimentada, parara de chorar. Um deles falou:

– Mamãe, ela vai crescer?

– Sim – falou Constanza –, e vai poder brincar com vocês!

O menino então falou que não emprestaria seu pequeno cavalo de madeira, que tinha agora nas mãos, e Constanza disse que aquilo não era comportamento de um irmão. Sabia, porém, que ele ainda não tinha nem idade nem entendimento sobre o que deveria ser certo ou não.

Teotônio segurou-o no colo e falou que, como mais velho, ele deveria auxiliar a irmã como um bom rapazinho. O pequeno se deu por vencido, mas aparentou não gostar muito da ideia.

Os dias na pequena aldeia começavam cedo. Dar comida aos bois, retirar o leite, preparar a terra eram tarefas diárias, mas das quais Teotônio gostava. Estava habituado a elas desde pequeno e as mostrava agora ao filho maior, embora este fosse completar apenas quatro anos, como deveria colocar as sementes.

Constanza, às voltas com a pequena Rebeca e o filho menor, cuidava da casa e das provisões no interior desta.

Os dias de frio se aproximavam, e logo precisariam ter alimentos suficientes para que nada faltasse.

Teotônio chegara da lavoura e trazia o pequeno com as mãos sujas de terra. Constanza pediu que os dois se lavassem para cear.

Rebeca olhava com olhos curiosos a brincadeira dos irmãos. Constanza e Teotônio já tinham percebido como a menina era esperta. Seus olhos castanho-escuros fitavam tudo, e Constanza comentara com Teotônio que com os outros filhos não tinha sido assim, ao que o esposo concordara.

O inverno começava a dar sinais de que havia chegado. A pequena lareira vivia acesa, para que o frio não os congelasse.

Teotônio fizera menção de pegar mais lenha, mas tinha achado melhor deixar a tarefa para o dia seguinte.

Constanza tinha no fogo um caldo quente para o jantar de logo mais e assava pão também, para acompanhar.

Rebeca tentava dar os primeiros passos, mas, ao desequilibrar-se, caíra e começara a chorar. Logo o irmão mais velho viera socorrê-la, dizendo que deveria ter mais cuidado, e todos haviam rido com a atitude dele.

Os camponeses do lugar diziam que aquele inverno parecia estar mais rigoroso que o dos outros anos. As sementes que haviam sido plantadas talvez não brotassem, o que causava preocupação a Teotônio. Constanza pedira-lhe que rezasse, certa de que a ajuda viria. Teotônio então agarrara-se a sua fé e orara fervorosamente para que o alimento não faltasse.

Os animais tinham sido recolhidos para que não morressem de frio.

Já se passara um mês do rigoroso inverno, e os dias que se seguiram estavam mais amenos.

Teotônio e alguns camponeses aproveitaram e cortaram mais lenha, retirando das pequenas plantações o que lhes era possível colher.

Constanza pediu a Deus que atravessassem aquele inverno com coragem e que não adoecessem, pois o frio era intenso e muitos pequenos não resistiam.

Mais um mês se passou, e o inverno começava a dar sinais de estar indo embora, ou pelo menos de já não estar tão intenso como antes.

As crianças queriam brincar fora de casa, e Teotônio achou que não teria problema.

O sol tentava aquecer a pequena aldeia, e todos se cumprimentaram e agradeceram por terem superado aqueles dias tão difíceis.

Rebeca, de mãozinhas dadas com Constanza, começava a apreciar a beleza do Criador e a mudança de estação. Algumas pequenas flores começavam a surgir, e o verde aos poucos dava nova vida ao lugar.

Teotônio estava animado e conversava com um patrício sobre o que poderia plantar.

Constanza, por sua vez, agradecia a Deus pela nova estação que se aproximava e pelas dificuldades superadas. Algumas pessoas faziam oferendas aos deuses também em agradecimento pela oportunidade de novo plantio.

A cada dia a vida no campo era retomada, e logo a aldeia estava florida e os resquícios do inverno pouco eram vistos.

Teotônio soubera da morte de um bebê prematuro e lamentou pelo acontecido, agradecendo por sua pequena Rebeca ter conseguido se salvar do parto difícil da esposa. Tinham se passado dois anos, e agora Rebeca já brincava com os irmãozinhos.

Teotônio percebia que ela tinha uma personalidade forte e conseguia tudo o que queria. Não pôde deixar de sorrir quando a pequena ganhou um brinquedo do irmão do meio por conta de seu gênio forte. O irmão se ressentiu e procurou o colo do pai, que lhe falou para compreender, pois ela era menor.

Embora achando graça da atitude de Rebeca, uma preocupação passou-lhe pelo pensamento, pois receava pela vida futura da filha, quando teimasse em querer algo. Aprendera com a vida que nem sempre era bom lutar pelo que se acreditava. Não ali em Roma. Era uma questão de sobrevivência agir de modo a não expor o que lhe ia na alma.

CAPÍTULO 2

Rebeca desenvolvia-se a olhos vistos. Sua personalidade também.

Contava agora com seis anos, e os irmãos mais velhos ajudavam o pai na agricultura. Embora ainda jovens, Teotônio fazia questão de lhes mostrar de onde vinha o sustento da família e como deveriam cuidar da terra a fim de que desse bons frutos. Desse modo, Teotônio passava alguns ensinamentos quanto à moral e à conduta que deveriam ter acerca do bem ou do mal. Cabia-lhes o serviço leve, como distribuir sementes ou colher alguns frutos. Preparar a terra e lidar com o machado ficavam a encargo de Teotônio, que o fazia de bom grado. Amava realizar essas tarefas. Aprendera com os pais a fazer as coisas sem reclamar e abençoar o trabalho responsável pelo alimento da família.

Constanza levava seus dias a cuidar da casa e dos afazeres domésticos.

Certo dia, em conversa com uma moradora da aldeia, ficara sabendo sobre o destino de patrícios que mantinham a fé em Cristo. Temendo pela vida dos filhos e de Teotônio, assim como pela própria, conversou com ele sobre o acontecido.

– Temos que ser vigilantes, Teotônio. Não podemos confiar em qualquer pessoa, pois não conhecemos a fundo o que realmente vai no coração de cada um. – Retirou a pequena cruz que estava em uma parede e guardou-a.

– Mas, minha querida, estamos tão distantes que não acredito que venham aqui procurar pessoas para ver quem segue a quem.

– É verdade, porém sabemos a quem nosso coração segue, e isso basta.

– Se você se sente mais segura assim, faça como achar melhor.

Constanza havia guardado a pequena cruz longe dos olhos de quem os pudesse delatar.

Faziam sempre uma prece antes das refeições em sinal de agradecimento pelo alimento na mesa e pelo trabalho responsável por ele ter chegado ali.

Lúcio, o irmão mais velho de Rebeca, agora já com 15 anos, era um rapazinho, tendo nos ombros a responsabilidade, que antes era somente de Teotônio, de arar a terra e dar comida aos animais.

Constanza orgulhava-se da maneira como seus filhos eram obedientes e da criação que ela e o esposo haviam dado a eles. Mas algo em seu coração não dizia o mesmo de Rebeca. Agora com quase onze anos, ela continuava a ter um temperamento diferente do dos irmãos. Sempre disposta a saber o porquê das coisas e a pensar e questionar, mantinha um tom de igual para igual, não lhe cabendo argumentos sobre uma coisa ou outra. Conversara com o marido a esse respeito, e ele lhe dissera que aos poucos ela mudaria, mas ambos constatavam que não era isso o que acontecia.

Certa vez, Constanza vira a pequena criança a observar o céu e perguntara-lhe o que estava fazendo. Rebeca havia dito que olhava as estrelas, mas Constanza, em seus pensamentos, achara aquilo estranho, visto que os outros dois filhos nunca tinham ficado a contemplar a imensidão como se estivessem a estudá-la.

Rebeca, aos poucos, também ia aprendendo com a mãe a cozinhar e preparar os alimentos.

O frio novamente se aproximava, e era preciso recolher-se mais cedo, pois a temperatura caía rapidamente.

Após o jantar, feito com a ajuda de Rebeca, que recebera os cumprimentos pelo caldo delicioso, sentaram-se à beira da lareira, e Rebeca pôs-se a ler em voz alta um pequeno livro de histórias que havia ali. Constanza educara seus filhos com o conhecimento que tinha, e Rebeca já unia as palavras de forma a lê-las.

Constanza sabia que a menina era inteligente, mas ficou admirada com o tom de sua leitura e as colocações que fazia a respeito do que acabara de ler. Teotônio olhou para a esposa como a ler seus pensamentos.

Lúcio e Pietro, o outro irmão de Rebeca, não tinham o mesmo entendimento, mas ficavam a escutar a irmã. Pietro, pouco depois, adormeceu com a leitura.

Era notável a desenvoltura e o raciocínio com que Rebeca articulava as palavras.

Depois que todos já dormiam, Constanza, perdida em pensamentos, perguntava-se a quem a menina teria saído. Orava para que todos fossem guardados do mal, que pudessem sempre ter saúde e que o alimento não faltasse.

O inverno dos últimos anos não havia sido tão rigoroso como aquele que estavam tendo.

Alguns animais não haviam aguentado o frio intenso, e a plantação queimava com o frio e a neve. Teotônio procurava retirar o que podia de terra, mas via que seriam tempos difíceis.

Pietro tinha uma saúde mais frágil e encontrava-se acamado, com febre altíssima. Constanza pedia pelo filho e não desgrudava dele um só instante. Aflita, solicitara a Teotônio que rezasse com ela, e o marido a atendera, vendo que a causa era urgente.

Na manhã seguinte, Pietro encontrava-se sem febre e disposto a se alimentar.

Rebeca procurava agora brincar com o irmão, coisa que há tempos não fazia.

Constanza agradeceu ao Pai pela melhora de Pietro e trouxe-lhe leite aquecido, pão e algumas poucas frutas que ainda tinham, para que recuperasse as forças. Nada era mais importante em sua vida que os filhos, Constanza pensou.

Roma era grandiosa, e por vezes gostaria que seus filhos tivessem uma educação melhor e servissem ao império, mas não queria perdê-los em guerras e batalhas, por isso os guardava na vida simples que haviam escolhido viver. Via os filhos de alguns patrícios se aliarem às tropas e não voltarem. Não queria isso para Lúcio e Pietro. Trabalhariam como agricultores e formariam suas famílias, tal qual ela e Teotônio.

Quanto a Rebeca, pretendia que se casasse e formasse um lar, mas seu futuro era incerto, pensava, devido ao gênio forte, que era sua característica mais marcante.

O inverno se despedia novamente, e todos se alegravam em poder sair ao sol e respirar ar puro.

Os anos iam passando, e Constanza via os filhos seguirem o caminho que desejava.

Lúcio, o mais velho, agora com 19 anos, unira-se em matrimônio com a filha de um agricultor da região, e o casal morava perto de Constanza e Teotônio.

Pietro ainda era jovem e ajudava o pai na lavoura.

Rebeca aprendera a costurar e a tecer com Constanza, mas esta via que ela não levava muito jeito para esse ofício. A menina ressentia-se com os nós que o fio se empenhava em dar e desistia. Constanza dizia-lhe que era preciso ter paciência, mas ela mesma via que a filha não tinha habilidade para a tarefa..

Rebeca gostava de livros e dos astros. Sempre perdida a observar os céus, dizia à mãe e ao pai que queria conhecer outros lugares e outras terras.

Constanza não entendia a necessidade da filha e perguntava a si mesma o que deveria fazer para contê-la, visto que tinha impulsos que não eram das moças daquela idade. Por muitas vezes, viu a filha a escrever e, curiosa, perguntou certa vez:

– O que fazes, Rebeca? Que escritas são estas?

E Rebeca respondeu:

– Nada, mamãe. São palavras sobre o que penso e nada mais.

Constanza achou por bem conversar novamente com Teotônio. Quem sabe não seria melhor arrumar logo um casamento para Rebeca a fim de lhe ocupar a cabeça com coisas sobre a vida real. Sim, falaria com ele a esse respeito.

CAPÍTULO 3

Teotônio concordara com Constanza em casar Rebeca. Ao mesmo tempo, não via tudo da mesma forma que a esposa, mas ainda assim achou melhor arrumar um cônjuge para a filha.

Conversou com Constanza sobre o filho de patrícios que moravam mais ao alto na aldeia e que também queriam casá-lo.

Constanza pediu a Teotônio que fosse conversar com eles a fim de resolver essa questão. Poderiam morar ali mesmo se quisessem; até preferia, para poder, mesmo depois de casada, manter vigilância sobre Rebeca.

Certa manhã, Teotônio caminhou até a morada desses patrícios e, em conversa com o pai do rapaz, acertaram para dali a alguns dias, na festa que iria acontecer na aldeia, apresentarem os filhos um ao outro, a fim de firmarem compromisso.

Outro casamento estava para acontecer, e ambas as famílias haviam sido convidadas. "Momento ideal para se conhecerem", pensou Constanza. Nada falaria a Rebeca. Temia sua reação. Estava com 15 anos agora e, embora com pouca idade, era costume casarem os filhos cedo.

Em poucos dias, Teotônio e a família se dirigiram para a realização das bodas. Tudo estava arrumado conforme os costumes da época. Havia bebida à vontade e animais eram sacrificados para a festa, a fim de servirem a todos os convidados.

Rebeca achou tudo muito bonito e dançava ao som da música.

Constanza via os olhos dos rapazes brilharem ao ver Rebeca tão bonita e alegre.

Teotônio e o pai de Augustus conversavam, e se aproximaram também de Constanza para continuarem o diálogo. Rebeca, em sua alegria, não sabia que seu destino estava sendo traçado.

Constanza pediu à filha que viesse conhecer os patrícios, e Rebeca obedeceu. Augustus logo se encantou pela jovem, que não podia falar o mesmo sobre seu sentimento. Ela notou que algo estava acontecendo, e um pressentimento dizia-lhe que aquelas conversas eram a seu respeito.

Na volta, Constanza e Teotônio contaram a Rebeca que haviam arranjado um casamento para ela. Conforme sua intuição lhe dizia, Rebeca falou que não queria se casar com Augustus, pois não o amava.

Constanza e Teotônio entreolharam-se e viram que teriam uma longa batalha pela frente.

Inconformada, Rebeca pediu licença e se afastou. Teotônio achou melhor esperar que os ânimos se acalmassem; conversariam no dia seguinte.

Rebeca, em seus pensamentos, não concordava com a atitude dos pais. Para ela, embora com pouca idade, a união entre duas pessoas deveria ser por amor, e não somente por interesse.

No dia seguinte, Constanza impôs sua autoridade de mãe e disse à filha que, ela querendo ou não, o compromisso já estava firmado. Seria para o bem dela. Rebeca, embora não concordasse, resolveu não contestar mais. Não adiantaria, e sabia que os pais, ou melhor, a mãe pensava diferente dela.

Em poucos meses, a união entre Augustus e Rebeca foi oficializada.

Constanza sabia que a família do rapaz não tinha a mesma fé que a sua. Eles mantinham seus costumes com oferendas e devoção aos deuses. De certa forma, achava até melhor para Rebeca que eles fossem assim. Ela estaria a salvo dos governantes de Roma. Naqueles tempos, a perseguição aos cristãos intensificara-se, e aconteciam barbáries para promover o pensamento de quem governava o império.

Rebeca seguia sua nova vida ao lado de Augustus. Havia sido preparada pela mãe e era uma excelente senhora do lar.

Não podia se queixar de Augustus. Ele, em seu encantamento, fazia-lhe todas as vontades, o que de certa maneira deixava Rebeca constrangida, pois não compartilhava dos mesmos sentimentos.

Augustus era um camponês, mas, devido às fortes convicções do governo em manter a ordem em Roma, apresentara-se ao exército e agora era um soldado romano.

Constanza soubera, ao visitar a filha com Teotônio, da decisão de Augustus e pedira à filha que nunca revelasse nada sobre a crença que sua família seguia. Rebeca sabia do perigo que a família corria caso isso viesse à tona e disse a Constanza que ficasse tranquila.

Seu irmão mais novo havia se casado e agora morava com Constanza e Teotônio. Sua esposa esperava o primeiro filho, e Lúcio também já era pai.

Rebeca, embora com pouco tempo de casada ainda, não engravidara, e Augustus perguntara-lhe certa vez se estava tudo bem com ela. Rebeca respondera que não havia nada de errado, e ele prometera ofertar aos deuses algumas oferendas para que engravidasse. A moça sabia que muitos casais faziam aquele tipo de oferenda e deixou que Augustus agisse como achasse melhor.

Constanza via em seus netos a continuação da vida, e lhe agradava, assim como a Teotônio, ver a casa com o choro e o riso de uma criança. Lembrava-se então dos seus quando ainda eram pequenos, e uma saudade invadia-lhe o peito.

Por um momento, desejou que tudo pudesse voltar ao que era antes e tê-los todos a seu redor e de Teotônio, a brincarem e a exigir seus cuidados. Agora cada um seguia a própria vida. Somente Pietro estava mais próximo a ela, por morarem na mesma casa. Rebeca morava mais ao sul da colina, e Lúcio, mais a oeste.

Pensou em reunir a família para um almoço e pediu a Teotônio ou Pietro que fossem convidar Rebeca e Augustus. Rebeca ficou feliz com o convite. Fazia certo tempo que não voltava a sua antiga casa e gostou de pensar em estar lá novamente.

Constanza e a mulher de Pietro assaram carnes e prepararam doces para o almoço.

Rebeca e Augustus chegaram e foram cumprimentados por todos. Depois, Teotônio, Augustus e os irmãos de Rebeca foram conversar sobre as decisões de Roma.

Teotônio notou que Augustus já não parecia mais aquele rapazote de quando se casara com Rebeca. Agora era um homem e colocava-se muito bem em suas opiniões acerca dos assuntos.

Rebeca ficou aliviada em não ter de dar atenção a Augustus. Embora ele sempre estivesse servindo Roma nos últimos meses e ficasse mais tempo fora de casa do que dentro, quando estava próximo a ela, queria-lhe atenção.

Constanza, em um momento a sós com a filha, perguntou-lhe se seu ciclo ainda não havia atrasado. Rebeca sabia da ansiedade de todos a respeito de ela engravidar, mas teve de dizer à mãe que não havia sinais de atraso.

Constanza, em seu íntimo, indagava-se se não havia algo de errado. Pediu em suas preces que Rebeca fosse abençoada com uma criança.

De volta ao lar, Augustus tinha os ânimos mais exaltados pela bebida e segurou Rebeca para ter com ela uma noite de amor. Rebeca não fez nenhuma objeção, embora não fosse esse seu desejo. O hálito de bebida causava-lhe náuseas, e agradeceu quando Augustus adormeceu.

Não queria aquela vida para ela. Por que sua mãe a obrigara a se casar com um homem que não amava?

Constanza, em suas preces, pedia por Rebeca. Parecia-lhe que o casamento fizera bem a ela. Já não aparentava mais ter ímpetos sobre o que pensava. Só lhe faltava a maternidade.

Rebeca não sabia, mas já engravidara da vez passada em que estivera com Augustus. As náuseas que sentira eram um sintoma da gravidez, e notou depois que seu ciclo estava atrasado. Comentou com Augustus quando este estivera alguns dias a seu lado, deixando as tropas para descansar.

Feliz, Augustus agradeceu aos deuses. Seu pedido tinha sido atendido.

Constanza também veio a saber da notícia por Teotônio, que havia estado a visitar Rebeca e soubera da gravidez. Também ela agradeceu por suas orações terem sido atendidas.

Augustus agora permaneceria mais tempo fora do lar, e Rebeca percebeu que teria mais liberdade para se entregar a seus pensamentos, sem precisar ficar sempre ao lado do marido.

O inverno aproximava-se novamente, e Constanza achou melhor que Rebeca fosse ficar com eles. Augustus concordou, pois não queria que algo lhe acontecesse, estando sozinha no frio intenso.

Novamente em casa de Constanza, Rebeca se deu conta de como sua vida havia mudado. Estava casada, com um novo lar e prestes a dar à luz o primeiro filho. Sempre fora de fazer muitas reflexões acerca de tudo, e Constanza pôde ver que a filha pouco mudara.

Rebeca brincava com o sobrinho, que ria de seus grace-jos, e Magna, a mulher de Pietro, comentou que ela seria uma boa mãe. Magna era jovem também, mas, ao contrário de Rebeca, não ansiava por grandes coisas. Amava Pietro e formavam uma família feliz. Não que Rebeca fosse infeliz; só não planejara sua vida daquela maneira. Queria ter conhecido outros lugares e, em seu pensamento, casaria-se com um homem pelo qual estivesse realmente apaixonada.

Augustus era um soldado fiel e começava a ser reconhecido pela sua postura e devotamento a Roma.

Rebeca iria completar oito meses de gravidez e naquela manhã, por alguma razão, não se sentia bem. Porém, não achou que já estivesse na hora de dar à luz; não pelas suas contas. Esperaria mais um pouco até falar com Constanza.

CAPÍTULO 4

O frio continuava intenso.

Constanza levantava-se cedo; mesmo que não pudesse sair devido ao mau tempo, sempre havia muito a ser feito. Notou que Rebeca estava quieta desde a noite anterior. Sabia que ela era uma pessoa que vivia perdida em pensamentos, isso desde criança, mas agora era diferente. Via em seu rosto um sinal de desconforto e resolveu perguntar se havia algo errado.

— Que tens, minha filha? Estás amuada. Não te sentes bem? Acaso tens alguma dor?

— Nada, mamãe. Só não me sinto disposta a fazer algo, quer seja bordar ou tecer.

— Tua barriga, pelo que vejo, está mais baixa nos últimos dias. Se sentires algo, me avise. Ao certo só daqui a três semanas estarás no tempo de dar à luz, mas não sabemos quando os pequenos resolvem vir ao mundo.

— Falarei se precisar, mamãe.

Magna, agora já de pé, alimentava seu filho e comentou com Constanza sobre Rebeca. Seria melhor observá-la. Rebeca era independente, mas não poderia ter o filho sozinha.

O dia passou com a rotina que se podia ter naqueles dias de inverno.

Teotônio, em casa, procurou ir lá fora para pegar lenha. De volta, brincava com o neto, e Pietro, ao fundo, tentava fazer novos brinquedos de madeira para o filho.

Rebeca se alimentou muito pouco e disse que iria deitar. Não queria falar, mas sentia as dores se intensificarem e pediu aos deuses, no íntimo, que a ajudassem.

Um grito ecoou pela casa, e Constanza correu a acudir a filha.

– Magna, esquente a água e pegue panos. Rebeca está para dar à luz – disse Constanza.

Magna então foi providenciar o que lhe fora solicitado, e Rebeca agora não podia mais esconder o que sentia.

– Calma, minha filha. Tudo sairá bem.

Rebeca pediu mais uma vez aos deuses que a ajudassem, e Constanza soube que sua fé diferenciava-se da dela. Tentara mostrar-lhe o caminho do Cristo, mas a inclinação de Rebeca só se solidificara com o casamento com Augustus.

Teotônio também rezava, e Magna trazia o que a sogra havia pedido.

Constanza sabia como a filha se sentia. Ela mesma, no parto de Rebeca, tivera dúvidas sobre como tudo iria acabar. Rebeca estava pálida, e temia que a filha não aguentasse.

Outro grito, e Constanza agora tinha seu neto nas mãos. Não sabia o que tinha acontecido, mas a criança estava sem vida. Tudo correra bem na gravidez; não entendia por que aquilo havia ocorrido.

Rebeca desmaiou, e Magna correu para ajudá-la. Pietro pegou seu filho dos braços do avô, para que Teotônio também pudesse socorrê-la.

Constanza enrolou o pequeno ser em um lençol branco, notando que ele era parecido com a filha. Achou melhor que ela não o visse.

Teotônio agora levava-o com Pietro para fora de casa, a fim de que pudesse ser enterrado.

Rebeca, de volta a si, perguntou pelo filho, e Constanza deu-lhe a triste notícia. A jovem, embora triste e sem saber por que, sentia também certo alívio. Gostava de crianças, mas não sabia ao certo se queria ser mãe. Ainda sonhava em conhecer lugares novos, e talvez uma criança não permitisse que viesse a fazer isso.

Uma lágrima escorreu por seu rosto, e Constanza não soube ao certo o que lhe ia no coração. Aqueceu a filha e retirou os lençóis sujos de sangue. Seria melhor que ela descansasse.

Augustus viria só dali a três semanas, quando a criança realmente deveria nascer. Por certo aquela notícia iria lhe entristecer o coração. Constanza pediu a Deus que o ajudasse a não se revoltar com o acontecido. Augustus era um bom homem, mas se tornara mais frio desde que começara a se aliar às tropas de Roma.

Era nítida a dor que ia no íntimo de Teotônio. Nunca fizera tal coisa, enterrar uma criança.

Constanza abraçou o marido e viu que ele chorava.

– Não sabemos ao certo os desígnios do Alto. Peçamos a Deus que Ele receba nosso neto e dê forças a Rebeca e Augustus.

Nos dias que se seguiram, Rebeca foi recobrando as forças. Constanza estava admirada com a recuperação da filha.

Os raios de sol mais uma vez começavam a se infiltrar na casa, dando ares de uma nova estação.

Augustus chegara logo cedo, com saudades e faminto. Viu que Rebeca já não estava mais de barriga e perguntou pelo filho. A moça, com voz firme mas com ternura, disse que ele não havia sobrevivido.

Augustus deixou-se cair no banco de madeira como quem recebe um golpe de espada, perguntando o que havia acontecido.

Constanza respondeu:

– Não sabemos ao certo o que aconteceu. Rebeca começou a se sentir indisposta enquanto você estava com as tropas e deu os sinais de que ia dar à luz. Fizemos o possível, mas a criança nasceu sem vida.

Augustus abraçou Rebeca como que a consolá-la, mas na verdade era ele quem precisava ser consolado. Então falou:

– Teremos outros, minha querida. Somos jovens, e os deuses nos ajudarão. Levarei oferendas e pedirei com todas as minhas forças que nos concedam outro filho.

Constanza observava a cena e pediu a Deus que fizesse o melhor pela filha e pelo genro.

Augustus não se demoraria; logo iria partir. Rebeca falou que queria voltar para sua casa, pois já estava bem.

Constanza, embora apreensiva, constatou que Rebeca por certo gostaria de voltar a sua casa e estar com o que era seu. Talvez quisesse ficar sozinha para perder-se em seus pensamentos.

A primavera tomava conta de tudo. Os vales agora verdes e as flores deixavam a região alegre.

Rebeca adorava caminhar logo pela manhã e sempre colhia algumas flores para enfeitar sua casa. Sentia-se disposta e agradecia por Augustus ainda estar servindo. Sabia que, quando retornasse, iria querer ter com ela. Por enquanto, aproveitaria o tempo para fazer o que mais gostava: escrever e observar as estrelas.

Certa manhã, Rebeca, como de costume, saíra para ver sua família, notando certa movimentação assim que chegara à casa de Constanza.

– O que querem as tropas, mamãe? – perguntou Rebeca.

– Estão procurando seguidores do Cristo – disse Constanza, e Rebeca sabia o que a mãe temia.

As tropas não demoraram muito por ali, mas deixaram um sinal de aviso a quem quer que infringisse as leis de Roma.

Assustada, Constanza preferiu não falar sobre o assunto, e Rebeca e Teotônio viram a aflição que cobria seu rosto. Pouco antes de voltar a sua casa, disse à mãe que não se preocupasse. Constanza abraçou a filha e a beijou.

Rebeca, porém, de volta à casa, sentia-se inquieta. Sabia sobre a fé dos pais e, embora não compartilhasse do mesmo pensamento, não queria que mal algum acontecesse a eles.

Como previra, Augustus retornou e queria sua atenção de esposa. A sós com ele no leito, perguntou ao marido o porquê de a perseguição ter se intensificado.

– São ordens, minha querida. Sabes de algo?

– Não, meu querido. Sei o que todos sabem – e cobriu-lhe de carinhos, para que Augustus esquecesse o assunto.

De volta a Roma, Augustus servia novamente ao que lhe era mais caro além de Rebeca.

Rebeca, por sua vez, agradecia aos deuses o retorno do marido às tropas, e pediu pela proteção dos pais e de toda a sua família.

CAPÍTULO 5

Em Roma, famílias eram dizimadas, e o caos afligia o coração dos habitantes daquele lugar.

Augustus cumpria o que haviam lhe pedido. Muitas vezes, ele mesmo se apiedava de ter de destinar à morte pessoas que não lhe tinham feito nenhum mal, nem o fariam a ninguém. Mas era um soldado fiel e agia por questões segundo as quais a lei deveria ser cumprida.

Teotônio, em conversa com Constanza, pediu-lhe que evitasse falar com o povo da aldeia. Não sabia ao certo em quem podiam confiar. O que sentiam era que muito poucos tinham a mesma fé que eles e, sendo assim, seria melhor não contar nada nem fazer alarde sem razão.

– Então teremos que fingir o que somos? – perguntou Constanza a Teotônio.

– É por uma questão de sobrevivência. Ou queres perecer? Acaso te agrada a ideia de ser jogada às feras ou aos trabalhos forçados, ou sei lá mais o quê? Tu mesmo retiraste a pequena cruz em outros tempos. Minha querida, não é uma questão de negar o Cristo. Ele sabe o que vai em nossa alma; mas é o melhor a ser feito, em vez de pagarmos com a vida pela insanidade de quem não dá a liberdade de que cada um escolha o próprio caminho ou o que seu coração deseja seguir.

– Farei o que me pedes, Teotônio. Não que concorde, mas para que possamos viver em paz, se é que isso é possível nos últimos tempos. Estou cansada de negar minha fé.

Teotônio falou:

– Deus há de permitir que logo tudo isto passe e novos tempos se abram, para que cada um possa exercer sua fé sem ter de ser punido.

Constanza, em seus pensamentos, sabia que Teotônio tinha razão. Ela mesma não queria para si aquele horrível destino.

A esposa de Lúcio estava grávida, e logo mais uma criança viria ao mundo. Constanza perguntava a si mesma o que teria acontecido com Rebeca. Vira a reação da filha, e não lhe parecera que tivesse sofrido tanto com a perda do filho. Será que um dia entenderia o que lhe passava na cabeça?

Em sua casa, Rebeca procurava ler e escrever tudo o que lhe ia na alma. Sabia que a mãe não a compreendia. Já quanto a seu pai, não era questionador. Não sabia o porquê, mas sempre se dera melhor com ele. Amava a ambos, mas se identificava mais com o pai.

A primavera estava para acabar, e logo o sol seria mais intenso.

Gostava de caminhar logo pela manhã e respirar o ar puro da relva. Os montes estavam verdes, e parou para sentar um pouco e admirar a paisagem. Perdida em pensamentos, ouviu um galope e assustou-se com o homem que se aproximou.

Parecia ser de Roma, mas não usava vestes de soldado. O que será que queria com ela? Levantou-se.

– Não lhe farei mal. Estou somente de passagem. Acredito ter me perdido e gostaria de saber como faço para ir aos grandes centros. Creio que tomei o caminho errado.

Rebeca, assustada, mas tentando não transparecer o nervosismo, indicou-lhe por onde deveria seguir.

– Deixe que me apresente. Meu nome é Otaviano. Preciso ir a Roma para entregar alguns documentos e acredito que me confundi devido à beleza do lugar.

– Meu nome é Rebeca. Sou moradora da região. Vens de muito longe?

– Sim, da Gália! Sabes onde poderei conseguir um pouco de água?

– Mais ao longe tem uma fonte onde a água é fresca, e poderás se refrescar nela se quiseres.

– Agradeço a atenção, senhora.

Rebeca pôde observar o homem, que agora se afastava. Quem seria ele?

Retornou para casa e até pensou em ir visitar o bebê da cunhada, que já deveria ter nascido, mas preferiu não fazê-lo, pois sabia que seria questionada sobre uma nova gravidez.

Os dias que se seguiram estavam mais quentes, e acreditava que logo Augustus estaria de volta. Não tinha queixas do esposo, só não o amava.

Sua mãe, ao lhe entregar em matrimônio com o consentimento de seu pai, acreditara ter posto fim aos desejos que ainda agora eram latentes. Sua alma ansiava por ser livre e percorrer terras e lugares. Não queria pertencer a nada nem a ninguém, a menos que seu coração resolvesse se entregar a esse sentimento.

Por alguma razão, lembrou-se do homem que viera lhe pedir informações, mas certamente não o veria mais, e agora era uma senhora casada e devia obediência e respeito ao marido.

Augustus chegou no dia seguinte. Tinha um corte no braço. Disse que um infeliz se atrevera a lhe desobedecer, mas agora não faria mais isso.

Rebeca pensou no triste destino que aquele homem tivera e se apiedou dele.

– Augustus, meu querido, deve deixar o rancor e toda essa questão de lado. Descanse agora e peça aos deuses que tomem conta do destino daqueles que se deixaram levar pelo caminho contrário às leis.

– É verdade. Preciso mesmo descansar. Também não pensei em presenciar o que tenho visto nos últimos tempos. De certa maneira, preferia ficar aqui cuidando da terra e estar mais perto de ti.

Augustus aproximou-se de Rebeca, e esta sabia que não poderia desvencilhar-se de seus braços.

No dia seguinte, Rebeca levantou-se, e Augustus ainda dormia. Preparou uma refeição generosa, pois sabia que Augustus acordaria com fome. Passou a mão no ventre e pensou se estaria carregando uma nova vida. Augustus ansiava por filhos, e ela mesma perguntava a si se conseguiria levar alguma gravidez ao fim ou se seu bebê nasceria sem nenhum problema.

Augustus ficaria por mais três dias, e Rebeca não podia se deixar levar pelos seus pensamentos.

Augustus adquirira um caráter mais violento. Acreditava que fosse devido ao que lhe era exigido nos últimos tempos. Esperava que ninguém a tivesse visto conversando com aquele homem. Não saberia dizer qual seria a reação do esposo.

Augustus disse a Rebeca que queria ver seus pais e que logo depois iriam à casa de Teotônio. Ela teria de acompanhá-lo, embora, de certo modo, preferisse ficar em casa.

Havia feito uma manta para o novo sobrinho e colocou-a junto de seus pertences a fim de dá-la como presente assim que chegassem.

CAPÍTULO 6

Enquanto estivera na aldeia visitando os pais, Augustus fora saudado como chefe, tendo o apoio do povo.

– Faça isso mesmo! – gritava uma voz. – Lancem-nos às feras – berrou novamente.

Augustus, embora não concordasse com o que diziam, envaidecia-se de terem reconhecido em sua figura o poder de Roma. Rebeca, que o acompanhava, era saudada também como a esposa de um general.

Os pais de Augustus tratavam-no com honras, como a um chefe – algo que não lembrava nem de longe o fato de terem algum parentesco.

Na casa de Teotônio, as honrarias foram de menor teor. O respeito era mantido, mas Augustus não foi ovacionado.

De certa maneira, Augustus sentia-se mais à vontade e conversava com o pai de Rebeca como se fosse seu próprio pai, pedindo-lhe conselhos e comentando sobre a vida e o plantio da terra.

Constanza ficava feliz em ver o relacionamento dos dois, mas será que ele agiria assim se soubesse a quem a fé de Teotônio era devotada? Certamente não.

Augustus, em certo momento, abraçou Rebeca na frente de todos e disse que talvez estivessem esperando outra criança. A moça corou.

Constanza disse:

— Vamos entregar isto nas mãos de Deus, e que seja feita a Sua vontade.

Augustus inflamou-se e pediu que ela repetisse o que havia dito. Rebeca, tentando corrigir o que a mãe havia falado, perguntou:

— Você disse deuses, não é, mamãe?

— Sim, filha. Foi o que eu disse — e Augustus deixou-se levar pelo que a esposa garantira que havia sido falado.

Ao se despedirem dos sogros, Augustus virou-se para Constanza e disse que, se soubesse de algo, que o avisasse de imediato; que estava ali para cumprir ordens, doesse a quem doesse.

Constanza entendeu o recado e o tranquilizou, a fim de que fosse embora em paz e os deixasse também.

À noite, em seu leito, Augustus e Rebeca conversavam, e ele disse não ter acreditado estar enganado com o que ouvira.

— Meu querido, posso lhe garantir que meus pais e minha família seguem os deuses, cumprindo com os rituais sempre que possível, para atrair todo tipo de sorte solicitada.

— Espero que sim. Se é você quem me diz isso, acredito — e voltou a cobri-la de carinhos.

No dia seguinte, Rebeca, já sozinha em sua casa, agradecia por Augustus ter ido embora. Esperava que ficasse o máximo de tempo possível longe e que viesse com menos tirania da próxima vez.

Teotônio, por sua vez, disse a Constanza que tivesse mais cuidado. A esposa comentou que agira sem pensar e que evitaria até mesmo falar com Augustus quando ele estivesse lá, a fim de não cometer nenhum sacrilégio.

– É o melhor que fazes, meu amor. Não queria ver-te ser atirada às feras ou a qualquer outro tipo de sofrimento. Não sei se iria aguentar.

– Fica calmo, Teotônio. Augustus voltou a Roma e pelo que Rebeca disse vai demorar a voltar.

– Esperamos que sim, e que Deus esteja em seu coração, a fim de incrustar-lhe as leis do amor, e não as de Roma.

Os dias que se seguiram foram de sol, e Rebeca continuava com as caminhadas matinais.

Adorava estar em contato com a natureza e colhia algumas flores para trazer para casa. Não era tão prendada como a mãe gostaria, mas acreditava que Augustus não tinha queixa dela como esposa e dona do lar.

Fazia três semanas que Augustus havia ido embora, e Rebeca passou a mão pelo ventre.

Seu ciclo deveria se completar na semana seguinte, e então poderia ter uma ideia de se estava grávida ou não. Embora não desejasse como Augustus ter um bebê, esperava estar, para que, pela paternidade, Augustus refletisse mais sobre seus atos e se apiedasse da vida humana, tendo no filho meios de se conscientizar sobre a vida humana como um todo.

Rebeca não sabia por que, mas acreditava em seu íntimo na questão da imortalidade da alma, tal como os egípcios. Eles cultuavam os deuses e os embalsamavam a fim de que pudessem viver com seus pertences na outra vida que os esperava. Não entendia muito sua crença, mas algo nela a fazia ter certeza disso.

Pensou no homem a vagar à procura do caminho certo. Acreditava que agora havia conseguido voltar sem maiores problemas – pelo menos, não mais aparecera por aquela região.

Rebeca tinha perto de casa outra residência de moradores que haviam mudado para lá há pouco tempo. Eram recém-casados, e notou que a mulher esperava um bebê. Ele era agricultor na região, assim como seu pai, e tanto Rebeca quanto Amarílis conversavam sempre que podiam.

– Como vai, Amarílis? – perguntou Rebeca. – Tens passado bem?

– Sim – respondeu a jovem. – E tu, tens alguma notícia sobre se carregas ou não em teu ventre?

– Por ora ainda não, mas acredito que logo saberei – e continuaram conversando. – De quanto tempo estás, Amarílis?

– Vou completar oito meses.

– Estás quase – comentou Rebeca. – Se precisares de algo, podes contar comigo. – A jovem mamãe agradeceu.

Rebeca continuou a caminhar, agora de volta para casa, mas conservando no peito a vontade de voltar a ver aquele bonito moço. Lembrava-se de seu rosto, e vira através de seus olhos que tinha um bom coração. Como podia saber disso se nem descera do cavalo, a fim de que pudesse ver mais de perto suas feições? Não sabia ao certo, mas podia senti-lo. Parecia ser corajoso, embora não tivesse as roupas das tropas romanas. Mas por que pensava isso? Por acaso alguma veste tornava um homem bom ou mau?, questionava a si mesma, imersa nos próprios pensamentos.

Ao chegar em casa, Rebeca dispôs as flores em um arranjo muito bonito. Por certo Augustus iria gostar. Seu amor por ela o fazia ver beleza em qualquer coisa em que ela colocasse suas mãos.

Rebeca pensou consigo que gostaria de retribuir do mesmo modo seu amor por ele, mas os deuses talvez tivessem algum outro destino para seu amor ser ofertado.

Mais uma vez, Rebeca perdeu-se em pensamentos. Uma salva de palmas tirou-lhe do transe, e foi ver quem chamava por ela.

– Senhora Rebeca?

– Sim, sou eu mesma!

– Venho informar-lhe que sua mãe não passa bem e pede que vá até a casa de seus pais.

Rebeca pediu que ele esperasse um momento só, para que pudesse fechar a casa e acompanhá-lo. O que estaria acontecendo?, pensou. Não tinha notícias da mãe desde que Augustus partira, mas algo de grave deveria estar ocorrendo para virem chamá-la.

Rebeca agora estava montada no cavalo que o rapaz lhe trouxera a fim de agilizar a caminhada.

Chegando, ao ver Constanza acamada, perguntou-lhe:

– O que tens, mamãe? Papai, o que aconteceu? Por que não me chamaram antes?

Teotônio, em sua simplicidade, disse que a mãe não queria incomodá-la, mas achara melhor chamá-la agora, por temer não conseguir se despedir da filha.

– Ficarás boa, mamãe. Cuidarei da senhora, e logo estará de pé.

Constanza, com voz fraca, falou:

– Temo que não, minha querida. Já estou velha, e as forças têm me faltado.

Teotônio, com lágrimas nos olhos, disse que Constanza nunca mais fora a mesma desde que Augustus percebera o que ela havia dito.

– Mamãe, Augustus nem se lembra do que falaste ou não. Acalma teu coração. Ele está longe daqui e acredito que, quando voltar, terei uma novidade que o deixará tão feliz, que não viverá para outra coisa.

– Deus abençoe tuas palavras, minha querida.

Rebeca olhou para o pai, temendo que Constanza não sobrevivesse para ver o neto ou neta.

Retiraram-se do aposento, e Rebeca mostrou preocupação. Pediu ao pai que rezasse; ela também pediria aos deuses pela mãe. Acreditava em seu íntimo que, independentemente da crença que cada um tivesse, seria atendido, e tanto Teotônio quanto Rebeca agora elevavam seus pensamentos a fim de pedir pela sorte de Constanza.

CAPÍTULO 7

O dia amanheceu e Constanza milagrosamente dava sinais de melhora. Seu rosto adquirira novas feições e já sorvia a bebida quente que Rebeca depositava-lhe na boca.

– Estás vendo, mamãe? Os deuses ou quem quer que tenha sido atenderam ao nosso pedido e estás melhor.

– É verdade, minha filha. Sinto-me bem melhor. Não acreditava que isso pudesse acontecer, pois já não tinha mais o controle sobre minhas forças. Agradeço as suas orações e as de seu pai.

– Fico feliz, minha querida, por estares melhor. Não sabia o que fazer de minha vida se acaso não compartilhasse meus dias contigo – e Teotônio aproximou-se da esposa e beijou-lhe com todo o amor que lhe ia na alma.

Rebeca sempre admirara o amor entre o pai e a mãe. O tempo não passara para eles, e o amor entre os dois era renovado dia após dia. Perguntava-se se um dia teria um amor assim como o deles. Sabia que não seria por Augustus. O destino ou as questões sociais tinham feito com que aceitasse se casar com ele, mas não o amava. Isso não passava desapercebido por sua mãe, afinal, fora ela que lhe entregara a Augustus a fim de lhe cortar as ideias inovadoras para a época. Não deixara de amar sua mãe, mas reconhecia que, se não tivesse casado com Augustus, estaria livre para um amor verdadeiro.

Com os dias, Constanza, já de pé, assumia novamente a rotina da casa, e Rebeca, ao vê-la bem, voltou para seu lar.

Estava quase chegando em casa quando ouviu um trotar. Pensou em Augustus, pedindo aos deuses que ele ainda não tivesse chegado. Para sua surpresa, viu que era o homem ao qual dera informações sobre Roma e assustou-se.

– Perdão, senhora. Não queria assustá-la. Estou de partida, mas queria agradecer-lhe mais uma vez a ajuda de me ter apontado o caminho. Agora sei que não me perderei mais. Tenho sua casa como ponto de referência e não mais me esquecerei disto.

– Senhor, o que fiz não foi nada.

– De qualquer forma, agradeço e, quem sabe, no futuro, não possamos nos ver novamente...

Rebeca sabia que o que tinha feito aquele homem voltar não era o agradecimento por uma informação. Algo os aproximava, mas o que era nem ela mesma sabia dizer.

Não trocaram mais que poucas palavras, mas seus olhares haviam identificado um ao outro como se já fossem conhecidos.

– Faça uma boa viagem, e que os deuses o acompanhem.

O homem fez uma reverência e se distanciou.

Rebeca entrou em casa ainda com o coração a bater apressadamente. O que os deuses queriam que acontecesse?, pensou, tomando um pouco de água a fim de recobrar as forças pela caminhada e pela passagem daquele homem de novo em sua vida.

Como a intuição de Rebeca previa, o ciclo dela não se confirmou, e ela acreditava estar grávida mais uma vez.

Sabia que isso faria a felicidade de Augustus e quem sabe assim ele deixaria um pouco as questões de Roma para se dedicar ao filho que tanto queria. Acreditava que estivesse de quase dois meses, mas não tinha certeza.

Desta vez, sentia-se enjoada e não tinha fome. Queria algo azedo para pôr na boca a fim de lhe tirar aquele enjoo e o mal-estar. Foi colher umas frutas e, ao encontrar a vizinha, viu que o bebê que tivera estava forte e bem. Não acompanhara o nascimento deste por estar com a mãe em sua casa. Foi até a casa de Amarílis e viu que era um menino forte e com os cabelos cor de fogo, como os do pai.

– Parabéns, minha querida. Que os deuses possam dar a ele sabedoria, inteligência e muita saúde na vida.

Rebeca pôde notar pelo rosto de Amarílis que ela não se sentira confortável quando pronunciara palavras sobre os deuses, mas não perguntou nada sobre a questão. Será que ela também era seguidora do Cristo? Bem, isso não fazia diferença para ela, mas certamente faria para Augustus, e seria melhor que ele não desenvolvesse amizade por eles, a fim de não ficar sabendo de sua crença.

Mais uma vez Augustus chegava em casa, abraçando Rebeca com todo o amor que sentia por ela.

Rebeca tentou devolver-lhe os abraços e beijos, mas não o fazia com a mesma intensidade.

Augustus sempre chegava com fome, e Rebeca pôs-se a preparar uma refeição para o marido.

– Como andam as coisas por aqui, minha querida? Alguma novidade?

– Pelo que sei, nenhuma, querido. Mamãe não esteve bem e tive que passar alguns dias com ela a fim de lhe dar atenção e os cuidados necessários para que se recuperasse.

– E agora está melhor?

– Sim. Recobrou as forças, mas temia que ela não sobrevivesse.

– Foi tão grave assim?

– Sim, mas pedi aos deuses por sua saúde, e eles me atenderam.

– Fico feliz por você e por Constanza. E você, tem algo a me dizer?

– Sobre o que está falando? – Rebeca pensou que alguém pudesse tê-la visto conversando com o tal homem.

– Digo sobre um herdeiro – e apontou para a barriga dela.

Rebeca, agora com um sorriso no rosto, disse que acreditava estar novamente grávida, e Augustus a abraçou e beijou novamente.

A felicidade estava estampada em seu rosto, e ele lhe disse, como tinha previsto, que tentaria passar mais tempo com ela a fim de que Rebeca tivesse a criança com conforto.

De certa forma, Augustus culpava a si próprio pelo fato de o primeiro filho não ter sobrevivido. Será que se estivesse perto poderia ter ajudado em algo?, pensava. Bem, isto ele não poderia saber. Só queria tentar fazer o possível para que aquela fatalidade não se repetisse.

– Vou pedir para me afastar por um tempo das tropas. No momento, o imperador deu trégua aos cristãos, e acredito que me será dado o tempo que peço.

Rebeca ficou feliz ao saber daquela trégua. Sua mãe precisava saber disso também, a fim de acalmar seus pensamentos. Embora, mesmo assim, fosse preciso estar sempre atenta a Augustus. Não acreditava que ele perdoaria uma segunda vez se ouvisse algo a respeito de cultuar quem quer que fosse além dos deuses.

Após a refeição, Augustus dormiu, e Rebeca, em seu íntimo, perdida em pensamentos, lembrava-se do homem que passara por ali. Será que voltaria a percorrer aquele caminho quando retornasse a Roma? Esperava que sim, embora de nada adiantasse pensar naquilo, pois não era livre, ainda mais agora, com um bebê e Augustus a lhe querer atenção. Com certeza não poderia mais fazer suas caminhadas, como fazia todas as manhãs. De qualquer modo, mantinha em seu coração a possibilidade de revê-lo algum dia.

Rebeca assustou-se quando viu Augustus a contemplá-la.

– Em que pensas, minha querida? Noto um ar de saudade em teu rosto, ou será impressão minha?

– Não estás de todo errado. Lembrei-me de nosso primeiro filho e me pego pensando em se tudo dará certo agora.

– Certamente que sim. Pedirei eu mesmo aos deuses e lhes darei oferendas para que tudo saia bem desta vez – e a abraçou.

Rebeca temia que Augustus soubesse o que lhe ia na alma, por isso tentara disfarçar. Acreditava que o tivesse convencido, visto que ele mudara de assunto e dizia agora que queria fazer um berço para o bebê.

Rebeca sentiu-se entusiasmada, pois com o primeiro filho não haviam providenciado isso. Será que aquilo interferira na questão? Mais uma vez, perdeu-se em pensamentos.

Rebeca tinha facilidade em se deixar levar pelos pensamentos, ficando por muito tempo a meditar sobre determinadas questões. Agora tentaria ser mais vigilante, pois Augustus estaria por perto e certamente exigiria atenção, tanto para si como para o futuro herdeiro.

CAPÍTULO 8

Rebeca havia feito mais amizade com Amarílis, a ponto de ambas frequentarem mais a casa uma da outra.

Acompanhava o crescimento do bebê de Amarílis, vendo como esta se devotava como mãe à pequena criança, que lhe exigia os cuidados necessários.

Era realmente uma linda criança. Com os cabelos cor de fogo, brincava agora com Rebeca e, a certa altura, tirando a diferença de idade, não se reconhecia quem era quem. Rebeca sempre gostara de crianças, embora não desejasse ser mãe. Não era uma questão de não querer, mas de ter um compromisso a tirar sua liberdade.

Enfim, agora grávida mais uma vez, aproveitava para treinar as brincadeiras que faria com o futuro herdeiro, ou herdeira, de Augustus.

Amarílis tinha por Rebeca uma afeição de irmã. Viera a desposar-se com Lutero, e este estava longe de casa. Sentia-se sozinha, mas agora, com a amizade de sua vizinha, não mais. Rebeca, embora quase da mesma idade, era para ela uma mistura de mãe e irmã, além de amiga, com a qual sabia que poderia contar. Uma das questões que lhe confessara fora a respeito de sua fé. Tinha-a no Cristo, constatando porém que não podia falar daquele assunto com qualquer um, pois temia não sobreviver. Mas sentia segurança em dizer a Rebeca o que se passava consigo e ficava feliz em conversar a respeito de assuntos ligados à fé e à confiança em algo maior.

Rebeca, por sua vez, sabia escutar as questões dirigidas a ela. Embora os pais seguissem o Cristo, assim como seus irmãos, e ela própria fora criada dessa maneira, não poderia dizer que, de coração, seguia essa mesma fé. Tinha certeza de que havia algo mais e aprendera a confiar nisso sem dar nomes, fosse ao Cristo ou aos deuses, como fazia Augustus ou os patrícios da aldeia ali de Roma.

Para ela, o sentimento maior era aquele que lhe ia ao coração, mas aprendera a respeitar os pensamentos dos demais e, no momento, isso lhe bastava.

Voltou ao lar e, como Augustus não estivesse servindo as tropas de Roma, ficava enciumado com as visitas constantes à casa de Amarílis.

– O que fazes lá, minha querida? Acaso não te sentes bem em tua própria casa?

Rebeca notou o tom alterado e sarcástico de Augustus e achou por bem tentar não discutir.

– Meu querido, aproveito estes momentos para treinar meus dotes de mãe com o pequeno de Amarílis, assim vejo como farei com o bebê quando chorar ou algo assim.

– Entendo e fico satisfeito por querer ser uma mãe esmerada, mas acredito que, na hora em que precisares, saberás o que fazer. Quero que fiques mais aqui comigo. Não estou servindo as tropas para que possamos desfrutar destes momentos e cuidar, desde agora, de nosso pequeno que está por vir.

– Certamente, meu querido. Se isto te aborrece, tentarei não me ausentar tanto de nossa casa, embora acredite, pelo pôr do sol, que não fiquei lá mais que duas horas.

– Sei disso, mas, se acaso quiseres, podes fazer com que a moça que visitas também venha aqui ter em nossa casa.

Rebeca, temendo por Amarílis e sua constante devoção ao Cristo, achou por bem que ela permanecesse onde estava.

– Falarei a ela como queira, mas acredito que, com os afazeres domésticos, não lhe sobrará muito tempo para vir nos visitar.

– De qualquer forma, faz o convite. Poderei também eu estreitar laços com seu esposo. O que achas?

– Por certo, seriam bons amigos. Falarei com Amarílis e, assim que possível, faremos um almoço para que possamos estreitar os laços de nossa amizade.

Temendo as consequências que essa união poderia acarretar, Rebeca achou por bem permanecer mais em casa. Já estava com cinco meses de gravidez e aos poucos sua barriga ganhava forma. Augustus se encantava ainda mais por ela e pelo bebê.

Rebeca gostava do modo como Augustus a tratava, pois fazia de tudo para que estivesse bem e confortável. Certamente muitas das moças gostariam de ter se casado com ele. Como camponês, chamava a atenção por seu porte e educação. Agora, como soldado romano, adquirira respeito e confiabilidade, chamando a atenção de quem quer que fosse. Isso a fazia se sentir bem, mas a verdade era que não o amava, e isso fazia toda a diferença.

Constanza estivera com Teotônio, dia desses, a visitar Rebeca e Augustus. Rebeca podia contar nos dedos de uma das mãos as vezes que a mãe viera visitá-la. Sabia que não o fazia mais pela idade e também por questões religiosas. Ela mesma ficava mais tranquila em ver a distância entre Augustus e Constanza, já que a mãe, com a idade, deixava que sua fé falasse mais alto por muitas vezes.

Teotônio sabia que Constanza estava cansada de esconder o que lhe ia na alma. Sua confiança no Cristo a fazia deixar de temer pela própria vida, embora ainda por muitas vezes, quando caía em si, tentasse frear seus impulsos, retomando a razão.

Augustus gostava de visitas e sempre pedia que voltassem. Gostava de receber e conversar com amigos. Teotônio, em uma dessas conversas, aproveitou para saber como andavam as tropas e a perseguição aos cristãos. Soubera, infelizmente, de casos horríveis e pedira pela alma daqueles infelizes.

Cada vez mais, Teotônio tinha para si a questão de que todos deveriam se irmanar, independentemente de sua fé. Seguia o Cristo, é verdade, mas compartilhava do mesmo pensamento de Rebeca e acreditava que o importante era o bem ser praticado e o mal abolido, a fim de todos viverem em um mundo de paz.

Augustus gostava de falar de Roma e de suas habilidades como comandante. Era respeitado e temido, mas Rebeca, embora muitas vezes não visse mais o camponês com quem havia se casado, reconhecia em seu íntimo que ele ainda era a mesma pessoa e ficava feliz por isso.

Ela completara agora seis meses de gestação, e sua barriga já estava bem pronunciada. Tendo porte pequeno, a barriga ficava ainda mais evidente.

Ao banhar-se, certo dia, notou um pequeno sangramento, o que a fez estremecer. Será que estaria acontecendo algo errado de novo? Chamou por Augustus, que veio socorrê-la o mais depressa possível.

– O que tens, Rebeca?

– Augustus, olha.

Augustus viu o sangramento, que ora parara de correr. Empalideceu e, com todo o cuidado, colocou Rebeca no leito a fim de que repousasse.

– Acalma-te. Chamarei Constanza para que venha ajudar-te. Pedirei que, enquanto eu for até lá, tua amiga venha estar contigo, para que não fiques sozinha.

– Está bem. Talvez não seja nada, mas fazes bem em ir chamar minha mãe.

Augustus ajeitou os travesseiros para Rebeca, que agora não sentia mais o sangue a sair de suas entranhas, e pediu ao Cristo e aos deuses que a ajudassem, para que tudo desse certo.

Amarílis, agora com Rebeca, deixara seu pequeno com o esposo a fim de poder lhe dar mais atenção, caso precisasse.

Augustus tentou ir o mais depressa possível. Ao chegar, Constanza viu pela sua palidez que estava aflito, e, ao saber do que se tratava, pediu a Teotônio que cuidasse de tudo enquanto estivesse fora. Arrumou alguns pertences e se dirigiu com sua pequena carroça a seguir-lhe o caminho.

CAPÍTULO 9

Ao chegar à casa de Rebeca, Constanza foi até a filha, que se encontrava no leito, para que repousasse o quanto pudesse a fim de conter qualquer sangramento.

Constanza perguntou à moça, cujo nome ainda não sabia, como a filha estava, visto que Rebeca ainda descansava.

– Está bem, senhora. Custou a dormir. Estava agitada, mas pelo que pude ver não teve mais sangramentos. Tentei sentir a barriga e me parece que o bebê mexeu. Acredito que foi só um susto.

– Esperamos que sim. Qual é seu nome?

– Amarílis, senhora. Sou vizinha de Rebeca.

– Obrigada, Amarílis – Augustus agradeceu.

– Sou Constanza, mãe de Rebeca, e ficarei com ela até que o bebê nasça. Pode ir se quiser. Sei que tem um bebê pequeno também.

– É verdade. Se precisar de alguma ajuda, estarei um pouco mais ao alto na colina.

– Obrigada mais uma vez. Pedirei ajuda se precisar.

Amarílis se retirou, e Augustus sentou-se perto de Rebeca. Mostrava em sua fisionomia grande preocupação.

– Parece que está tudo bem, Augustus. Tente ficar tranquilo. Tudo dará certo desta vez. – Por pouco Constanza não demonstrou sua fé, embora acreditasse que Augustus talvez nem percebesse sobre o que falava.

– Se os deuses permitirem, tudo sairá bem!

No dia seguinte, Rebeca acordou sentindo-se bem. Constanza estava a seu lado, após ter preparado a refeição matinal para Augustus.

– Estás melhor? Como te sentes? – perguntou ela.

– Sim, mamãe, estou bem. Parece que não há mais sangramento. O que será que houve? Por que será que ao final da gravidez isto acontece? Não quero perder meu bebê novamente, mamãe.

– Isto não vai ocorrer, mas é melhor que repouses.

– Farei isto, embora já me sinta melhor.

Augustus entrou no pequeno quarto e beijou Rebeca. Vinha com flores, e ela agradeceu.

– São lindas, meu querido. Fique tranquilo, estou bem.

– Não sentes nada, é verdade? – perguntou Augustus.

– Acredito que foi mais um susto, mas ficarei de repouso. Mamãe acha melhor.

– Ela tem razão, minha querida. Não te esforces.

Rebeca sabia da preocupação de Augustus. Não sabia dizer qual seria sua reação caso o bebê não sobrevivesse novamente.

Os dias foram passando, e Rebeca sentia-se bem melhor. Voltou a ficar de pé e a fazer pequenos serviços. Constanza a ajudava fazendo o serviço que requeria maior força. Não queria que Rebeca fizesse nada, mas a filha falava que não conseguia ficar deitada o tempo todo.

Indo para o décimo segundo dia após o episódio anterior, Rebeca deu um grito e sentiu a bolsa estourar.

Constanza, ao se virar para a filha e ver a água que agora cobria o chão, constatou que seu neto não tardaria a chegar. Preparou tudo, e Rebeca agora aguardava a chegada do filho.

Embora ainda não tivesse completado o tempo necessário de gravidez, Rebeca pediu que tudo corresse bem. O bebê era prematuro, mas pediu que estivesse com saúde.

Augustus foi chamar Amarílis, que veio socorrê-la prontamente.

Constanza pediu ao genro que ficasse do lado de fora, e Augustus achou melhor atender ao pedido. Seu estado de nervosismo certamente não iria ajudar em nada.

Desta vez, o parto não demorou muito, e logo pôde se ouvir o choro da criança.

Augustus entrou assim que o ouviu.

– Vê, Augustus – disse Constanza. – É um lindo menino. Tem o pulmão forte. Vês o quanto chora?

Augustus segurou o pequeno nos braços e agradeceu aos deuses. Era de fato muito pequeno, mas por certo deveria ser pelo tempo, que ainda não estava completo. Depositou-o nos braços de Rebeca, que então pôde olhar com mais calma a criança.

– É lindo – e trouxe a criança para perto de seu seio, que agora sugava o alimento para si.

Constanza agradecia a Deus por tudo ter corrido bem. Temia que a criança não sobrevivesse novamente, por ainda não ter completado as luas, mas agora lá estava seu neto, nos braços de sua filha Rebeca.

Amarílis, de volta a sua casa, contou ao esposo sobre o nascimento do bebê. Disse que fora até lá para ajudar, mas não se sentira à vontade com a presença de Augustus. Sabia que ele era um dos responsáveis por aniquilar os seguidores de sua fé, o que lhe causava arrepios. Sabia também que Rebeca não compartilhava da mesma fé desde menina, embora houvesse crescido ouvindo a fé dos pais – fato que contara a ela, pedindo que ficasse em segredo.

Lutero sugeriu então que ela evitasse ir à casa de Rebeca, e Amarílis concordou em fazê-lo.

Os dias iam passando, e o pequeno de nome Augusto César, em homenagem ao pai, ia se desenvolvendo.

Rebeca começou a retomar o serviço da casa, e Constanza partiu para seu lar após um mês ao lado de Rebeca. Teotônio veio buscá-la, para visitar sua filha e o neto, assim como parabenizar Augustus.

Rebeca mostrava-se uma mãe devotada e feliz. Augustus, ao ver como ela cuidava do pequeno Augusto e constatando que tudo estava bem, disse-lhe que era hora de voltar a Roma.

Rebeca, em seu íntimo, agradecia pela decisão, embora agora, com a família completa, já não se importasse tanto mais em ficar sozinha. Sabia que os tempos eram outros, e o que menos faria era dedicar-se a suas reflexões e pensamentos.

Augustus partiria em uma semana, e procurou atendê-lo de todas as formas. Sentia falta das conversas com Amarílis; agora poderia conversar com mais calma com a amiga.

Amarílis também sentia falta das conversas com Rebeca, embora não entendesse muito bem algumas das questões que ela lhe falava, mas procurava sempre escutá-la.

Augustus partira. Rebeca lembrava-se do beijo que dera no pequeno Augusto e nela mesma. Podia dizer que ele era um homem realizado emocionalmente e como soldado romano, embora ela não concordasse com as questões militares.

Augusto era uma criança calma. Não lhe exigia nada além dos cuidados necessários que uma criança requer.

Amarílis passava algumas tardes com Rebeca, e ambas estreitavam a cada dia sua amizade.

Augustus voltaria em dois meses, e seu coração lembrou-se do homem que passara por ali a caminho de Roma. Será que nestes últimos tempos passara outras vezes? Não saberia dizer. Mas, se estivesse em seu destino vê-lo de novo, por certo o veria.

Rebeca possuía bastante leite, e Augusto se desenvolvia bem, visto que nascera prematuramente. Augustus ficaria feliz em ver o filho crescendo tão rápido e saudável.

Dois meses passavam rápido, e Augustus logo estaria de volta.

Rebeca pensou que, quando Augustus voltasse, certamente desejaria ter com ela, dado o tempo de gestação durante o qual haviam estado afastados. Não sabia ao certo se Augustus tinha outras mulheres com as quais pudesse se divertir. Não sabia também se a ideia agradava-lhe ou não – talvez, assim, não exigisse tanto dela.

Logo pela manhã, Rebeca ouviu o trotar de um cavalo. Era Augustus, que chegava feliz em retornar ao lar.

CAPÍTULO 10

Como era de esperar, Augustus estava morrendo de saudades e com um forte abraço enlaçou Rebeca, que respondeu com a intensidade que lhe era possível.

– Onde está nosso pequeno?

– Está no berço, querido.

Augustus, como que mais rápido que os próprios pés, foi até onde se encontrava Augusto e, para sua surpresa, viu que já estava mais forte e não aparentava tanta fragilidade como quando acabara de nascer.

– Mas como está grande! Teu leite certamente é muito forte e está fazendo bem a ele. Ainda tens leite, não?

– Sim, meu querido, e muito! Augusto não tem do que reclamar.

– Fico feliz, Rebeca. Deixa-me pegá-lo.

Augustus, com o pequeno em seus braços, era pura felicidade.

Rebeca estava feliz em poder dar ao marido o que ele tanto queria: um herdeiro. Acreditava que, com isso, a cobrança dos últimos tempos teria fim, e não achava que Augustus pretendesse ter mais filhos. Ela mesma não imaginava se ver grávida de novo e passar por tudo aquilo mais uma vez. Mas deixaria a cargo dos deuses ou do destino.

Rebeca acreditava que nem sempre era possível escapar de muitas das situações pelas quais passávamos. O destino, ou o que quer que fosse, daria um jeito para atravessarmos uma tempestade e chegarmos ilesos ao outro lado, ou perecer, se assim estivesse escrito. Quanto a ela, restava esperar e acreditar que o melhor seria feito, ou pelo menos ela mesma tentaria fazer o melhor que pudesse. Será que aquele homem estava em seu destino?

Augustus arrancou-lhe de seus pensamentos quando Augusto chorou e o marido lhe pediu ajuda.

– Deve estar com fome. Dá-me ele.

Augustus agora observava a cena que, para ele, talvez tenha sido a mais bonita que já havia visto: Rebeca amamentando o filho. Diante de tanta crueldade que pudera presenciar nos últimos tempos, aquela cena com certeza tirava um pouco do peso que ia em seu coração.

Augustus não era um homem mau. Seguia as ordens de Roma, embora não concordasse com o que vinha sendo feito. Ele mesmo não seguia o Cristo, mas acreditava que não era preciso pagar com a vida por isso. Esperava que os deuses o perdoassem por tudo o que fizera, ou o próprio Cristo. Ouvira muitas histórias a seu respeito e acreditava ter sido um homem, como diziam, bondoso e que arrastava multidões com sua pregações. Quanto aos milagres, não sabia se de fato tinham acontecido, mas a fé que muitos tinham nele seu coração não conseguia ter – talvez pelo fato de sua família não lhe ter passado isso, e também não ter tido quem passasse isso a ela antes.

Rebeca terminara de amamentar o pequeno Augusto, que voltara a dormir, agora com um ar satisfeito.

Augustus foi se lavar, enquanto Rebeca cozinhava algo para que comesse.

– Sabes, querida, sinto falta desta tranquilidade. A agitação de Roma talvez seja boa para poucos dias, mas não para viver lá. Prefiro o ar puro do campo e a paz que só se consegue por aqui.

– E como andam os destinos de Roma?

– Não sei ao certo. Lido mais com soldados. A política não me chega aos ouvidos, mas, pelo que vejo, mudanças estão para acontecer. Não sei exatamente do que se trata, apenas escuto o que os soldados dizem entre eles.

– Que tipo de mudança?

– Não sei, querida. Talvez a mudança de quem governa. O fato é que tudo são rumores. Mas deixemos isto de lado e vem cá me dar um beijo. Estou com saudades.

– Augustus, tuas mãos estão sujas. Acabaste de comer. Não seria melhor esperarmos para mais tarde? Ainda é de dia.

– Estás com nojo de mim?

– Certamente que não. Digo somente por estarmos mais à vontade com o cair da noite, e acho que poderias descansar, já que acabaste de comer.

– É verdade. Preciso descansar mesmo. Mas é que faz tempo que não deitamos juntos.

– Sei disso, meu querido, mas agora estás de volta e tens algum tempo antes de voltares a Roma. Quando pretendes fazê-lo?

– Não sei ao certo. Talvez daqui a duas semanas ou um pouco mais.

Rebeca pensou que teria de usar de sua paciência para que aqueles dias passassem de forma a agradar Augustus, para que ele não se sentisse insatisfeito e não a questionasse novamente.

Augustus foi deitar um pouco. Agora tinha a companhia do pequeno Augusto a dividir o quarto com ele, pensou Rebeca. Não estava de todo sozinho; riu dos próprios pensamentos.

Rebeca não imaginava ter a visita dos pais naquele mesmo dia. Fazia algum tempo que não os via; para ser mais exata, acreditava que há quase um mês. Agora retornavam para ver se tudo estava bem.

Mas Constanza não contava com a volta de Augustus.

Rebeca abraçou o pai e a mãe, que logo viu o genro trazendo em seu colo Augusto.

– E nosso pequeno Augusto, como está? – perguntou Constanza.

– Muito bem, mamãe!

– Ainda tens leite?

– Sim, mamãe, e muito.

– Como está grande! – disse Teotônio. – Já não parece mais tão pequeno como quando nasceu.

– Não é verdade? – comentou Augustus. – Também eu fiquei surpreso!

– As faces coradas indicam que está bem de saúde – falou Constanza.

– Ah, creio que sim – respondeu Rebeca. – Certamente seus pulmões são bem fortes. Quando chora, tenho que ir logo dar-lhe o alimento, pois deve-se escutar a léguas seu choro.

Augustus ria do que Rebeca dizia, e Constanza viu que sua filha fazia o marido feliz, e que este já não tinha o semblante tão endurecido pelas experiências com as tropas de Roma.

– Deixa-me segurar meu neto, Augustus. Posso?

– Certamente que sim – respondeu Augustus, transferindo o pequeno para o colo da avó. – Vou aproveitar e conversar com Teotônio – e saíram lá para fora os dois.

Rebeca, agora a sós com Constanza, pediu que tomasse cuidado com o que dizia.

– Sei muito bem o que posso ou devo falar. Ainda não esqueci a conversa que teu pai teve comigo tempos atrás.

– Mamãe, não vês que é para o nosso bem que papai se preocupa?

– Sei bem da preocupação de Teotônio. O que não me agrada, ou não acho justo, é termos de passar pelo que não somos. Até quando passaremos por isto? Augustus comentou como andam as questões religiosas em Roma?

– Não, mamãe. Pelo que pude escutar, pouco ou quase nada mudou. Talvez não queira me dizer o que faz, visto que sabe que não concordo, ou por ter dado à luz há tão pouco tempo. Talvez ele não queira que meu leite seque, caso me entristeça.

– Menos mal que queira te poupar. Talvez seu coração ainda não tenha se endurecido de todo.

– Mamãe, Augustus não é um homem mau, somente cumpre as ordens que lhe são mandadas.

– Mudaste de lado, Rebeca?

– Eu nunca disse que estava de um lado ou de outro. Também não concordo com as atrocidades que vêm sendo feitas. Peço sempre em minhas orações para que tudo isto acabe e a paz volte a reinar no coração de todos.

– Rezas para quem? – perguntou Constanza, e Rebeca tratou de mudar de assunto, visto que a mãe já estava inflamada.

– Ajuda-me aqui, mamãe – e tirou do fogão a lenha um assado que fizera, que estava a soltar labaredas.

CAPÍTULO 11

Rebeca ficou aliviada quando os pais foram embora. Preferia que Constanza estivesse longe de Augustus e, de certa forma, dela mesma. Era sua mãe, é verdade, mas tinham opiniões contrárias em muitas questões e, estando afastadas uma da outra, poderiam assim evitar muitos conflitos. É claro que a amava; só pensava diferente dela. Aliás, Rebeca pensava diferente, segundo acreditava, da maioria das pessoas. "Por quê?", ela mesma se perguntava. E, sem perceber, caía de novo em pensamentos e deixava-se levar.

Acordou de si quando Augustus tocou-lhe o braço e ela retornou à realidade.

– Desculpe, querido, estava perdida em pensamentos.

– Não pude deixar de notar. Mas o que pensavas? Podes dividir comigo ou tens algum segredo que não queres que eu saiba?

– Segredo? De onde tiraste essa ideia? Sabes tudo sobre mim e o que me cerca. Não gosto quando falas assim comigo.

– Desculpa-me. Mas fico enciumado quando não tenho tua atenção e perco para teus pensamentos. Amo você. Não percebes isto? E agora mais ainda, por teres me dado nosso pequeno Augusto. Vês como está crescendo?

– Sim. Ele se tornará um homem bom e corajoso.

– E fiel às leis de Roma – completou Augustus.

Rebeca não pôde deixar de pensar novamente em Constanza e em sua família. Pediria aos deuses, ou ao próprio Cristo, pela sua proteção e a de seus familiares.

Augustus agora a cobria de carinhos, e Rebeca não pôde mais continuar com seus pensamentos.

Na manhã seguinte, Augustus começou a se preparar para seu retorno. Cuidava do cavalo e de seus pertences, como a espada e tudo o mais de que um soldado romano precisava.

Rebeca o viu afiar o instrumento cortante e se perguntou quantos haviam perecido nele. Tentou evitar tal pensamento, já que aquilo lhe dava náuseas. Temeu estar novamente grávida, mas, claro, não seria possível, pois fazia pouco tempo que se deitara com Augustus. As náuseas eram provavelmente da cena que se formara em sua cabeça, e por isso tentava afastá-la da mente.

Preferia que Augustus não tivesse se aliado às tropas, mas sim que estivesse, como um camponês, a mexer com as coisas da terra, os animais e a vida no campo. Mas também pensou que, se ele estivesse ali, não poderia ficar sozinha como gostava. Será que gostava de ficar sozinha ou só não o queria por perto? Acreditava ser um pouco de cada coisa. Se pelo menos o amasse, tudo seria mais fácil.

– Vem ver, querida. Olha que bela espécie de animal tenho aqui – e Rebeca foi ao seu encontro.

– É verdade. Não me lembro deste cavalo, Augustus. Compraste?

– Não, minha querida. Ganhei-o em virtude de agradar a Roma com minha lealdade.

Rebeca pôde sentir que Augustus projetava-se a cada dia como figura importante e confiável dos governantes do império.

– Assim que terminares, vem para dentro, para que a comida não esfrie.

Rebeca entrou na casa a fim de ver a lenha do fogão. Pensou em Amarílis. Fazia já algum tempo que não a via. Esperaria Augustus retornar e iria ter com ela.

O dia amanheceu, e Augustus depositou um beijo em Rebeca e no pequeno Augusto, partindo mais uma vez para Roma.

Rebeca deixou-se ficar um pouco mais no leito a fim de contemplar seu filho, que ainda permanecia dormindo, mas não por muito tempo. Augusto começava a despertar, e Rebeca ofereceu-lhe o seio para que se alimentasse.

Augusto tinha os olhos vivos como os seus. Constanza já havia percebido isto, e Rebeca não podia deixar de concordar. Assim que Augusto começasse a dar os primeiros passos, ela o levaria a caminhar pelos campos a fim de ver as belezas do lugar em que viviam. Por ora, iria até a casa de Amarílis com o pequeno no colo. Augusto já estava ficando pesado, e pensou que logo seria difícil carregá-lo e andar por determinadas distâncias.

Abraçou a amiga assim que entrou na casa de Amarílis, e esta retribuiu.

– Senti tua falta, Rebeca.

– Eu também, minha querida, mas tu sabes que, quando Augustus está de volta, não me sobra muito tempo para vir até aqui.

– Sei disso, e não quero que te prejudiques. Nossa amizade pode esperar um pouco. Mas deixa-me ver o pequeno Augusto. Pelo que percebo, já não está tão pequeno assim.

– É verdade. Augusto vem crescendo a cada dia.

– Fico feliz. Vês que aquele tempo de quando nasceu tão pequeno já passou. Pedi ao Cristo pela tua recuperação e pela saúde dele.

Sem querer, Amarílis deixara escapar sua convicção.

– Não te preocupes, minha amiga. Sei bem em que acreditas, e tens em mim uma amiga. Jamais falarei sobre isto com Augustus ou com quem quer que seja.

Amarílis agradeceu, embora ficasse preocupada sempre que deixava sua voz interior falar mais alto.

Rebeca também brincou com o filho de Amarílis, que agora andava de um lado para o outro, e Amarílis, por sua vez, ia atrás dele a cortar os ímpetos da criança. Rebeca ria da situação, e Amarílis dizia que chegaria sua vez.

A tarde estava terminando, e Rebeca disse que tinha de ir. A amizade entre as duas enchia-lhes a alma, e ambas ficavam tristes na hora da despedida.

– Virei assim que puder. Tu também podes ir até minha casa. Augustus já não se encontra e não tens o que temer.

– Sei disso. Irei assim que puder – e mais uma vez um abraço pôs fim à visita de Rebeca.

Rebeca sentia falta de caminhar e até mesmo de cavalgar. Pouco o fizera, mas seu pai certa vez ensinara-lhe a cavalgar, e ela tinha adorado. De qualquer forma, sempre que caminhava por entre os campos e nas colinas sentia-se bem, e seu coração, de um tempo para cá, sempre lembrava-se de Otaviano. Era esse seu nome, não era?

Que papéis seriam aqueles que tinha para entregar? Quem seria ele? Talvez não o visse nunca mais. Augustus o conhecia? Por certo que não. Augustus lidava com as tropas, e aquele homem parecia menos rude.

Anoitecia, e pôde ver uma linda estrela que despontava no horizonte.

– Vês, pequeno Augusto? Olha aquela linda estrela. Consegues ver? Onde ela está, existem milhões delas, e há outros mundos também.

Rebeca mesma perguntou-se como podia ter essa certeza. Não sabia dizer, mas acreditava que havia algo mais que seus olhos pudessem ver. Talvez tratava-se da imortalidade da alma, como acreditavam os egípcios. Sim, realmente acreditava nisso.

Entrou em casa e acendeu a pequena lareira. Estava mais frio do que nos últimos dias. Faria algo simples para que pudesse comer. Quanto a Augusto, não precisava se preocupar. O leite já estava pronto, e riu de si mesma.

Aos poucos, convenceria Augusto a experimentar algum caldo ou coisa assim. Amarílis dissera-lhe sobre o alimento para os recém-nascidos, e Rebeca pôde ver como uma ajudava a outra: Amarílis com as questões do dia a dia, e Rebeca com a história sobre as coisas das quais gostava, como as estrelas e o mundo por trás de nossos olhos. Amarílis, embora admitisse agora para Rebeca sua fé, adorava escutar a amiga e também por vezes via-se perdida em pensamentos.

Como a noite estava fria, Rebeca agasalhou bem a criança, que agora já dormia. Ela mesma puxou para si um cobertor de pele para se aquecer.

Dormiu rapidamente e sonhou que estava em uma terra distante. Não sabia dizer onde, mas um homem ofereceu-lhe a mão, que Rebeca segurou. Parecia ser o homem que cavalgava a pedir informações, mas tinha o rosto diferente. Acordou e olhou para o lado, como que a procurar por Augustus. Não, estava só, e isso tranquilizou seu coração. Tentou dormir novamente, mas não sabia se iria conseguir.

CAPÍTULO 12

Rebeca olhou para Augusto e viu que precisava fazer roupinhas para ele. Estava perdendo quase tudo com seu crescimento. Quem sabe Amarílis guardara algumas roupas de seu filho... Talvez servissem. Sim, iria perguntar a ela.

Augustus estando em Roma, era solicitado a estar mais próximo dos governantes e a participar de reuniões nas quais os destinos de Roma eram traçados. Pensou certa vez em mudar com Rebeca para a cidade e sair do campo. Queria que ela estivesse mais próxima a ele, assim poderia estar todos os dias com ela e seu filho. Falaria com a esposa a esse respeito da próxima vez que fosse para casa.

Augustus via agora que com o tempo adquirira maior notoriedade e já não era simplesmente um soldado romano a cuidar das tropas. Gostavam de ouvir seus conselhos e o modo como usava de estratégia para que um plano desse certo. Vinha ganhando cada vez mais respeito, e muitas vezes fora convidado a festas a fim de estreitar laços com as pessoas mais influentes da época.

Rebeca ainda não se dera conta disto, visto que, como estava longe, não participava rotineiramente da vida de Augustus. Suas visitas esporádicas não permitiam que ambos participassem do cotidiano um do outro.

Augustus não sabia como Rebeca iria receber o que praticamente já estava acertado: que viria morar na cidade. Sabia que fora sempre criada no campo e por certo estranharia aquela mudança. Augustus pensou em colocar uma pessoa para ajudá-la nos serviços domésticos a fim de que se dedicasse integralmente ao pequeno Augusto. Ficaria assim mais tranquilo sobre a educação do filho, visto que Rebeca só teria olhos para ele.

Como só dali a três semanas estaria de volta, Augustus pensou em ver uma moradia para sua família que fosse aconchegante e lhe permitisse voltar com mais facilidade para ela todos os dias.

Soube de uma que ficava a uns poucos quilômetros do centro e foi então conhecê-la. Sentiu-se satisfeito. Era maior que sua casa e ao mesmo tempo aquecida e aconchegante. Acreditava que Rebeca iria gostar.

Rebeca, por sua vez, levava sua vida com as caminhadas habituais, agora com o pequeno Augusto. Não eram tão longas como antes, mas respirar ar puro e poder estar em contato com a natureza faziam-lhe muito bem, dando-lhe a sensação de liberdade, que para ela era o mais importante.

Amarílis deu algumas roupas do filho a Rebeca, que lhe agradeceu, combinando virem Amarílis e seu esposo para um almoço. Amarílis disse que não precisava, mas Rebeca fez questão, e Amarílis sabia que aquilo se devia à ausência de Augustus.

O que Rebeca não sabia, porém, era que seria uma das últimas vezes que estaria com Amarílis.

Fez um gostoso assado e deixou tudo pronto para quando o casal chegasse com o filho.

Rebeca era outra pessoa quando não estava com Augustus. Era impossível não notar. Sempre se perguntava por que a mãe a casara tão cedo. Tinha tantas coisas para viver antes de ficar presa a alguém, mas sua mãe não entendia isso, ou não queria entender. Não sabia ao certo do que a mãe tinha medo. Mas agora, no fundo de sua alma, agradecia, pois a união com Augustus dera-lhe o pequeno Augusto. Nada era mais importante que ele.

Augustus ficou feliz com a aquisição da casa. Suas condições financeiras atuais davam-lhe a possibilidade de comprar mais coisas, e gostava de dar uma vida de conforto para Rebeca e seu filho.

Augustus tratou de deixar a casa devidamente pronta para que Rebeca viesse morar o quanto antes com ele. Certamente seria uma surpresa para ela essa mudança em sua vida.

Quanto à casa em que moravam, deixaria para quando quisessem novamente ir para o campo, como uma segunda opção, ou, caso algum irmão de Rebeca quisesse morar ali, não haveria problema algum – faria até um favor, pois cuidaria da casa.

Augustus tratou com uma mulher que estava à procura de serviço para que ficasse já a cuidar da casa; assim, quando Rebeca chegasse, estaria tudo pronto. Esperava ansiosamente para poder lhe contar sobre essa novidade.

Rebeca administrava seu dia com o pequeno Augusto e as tarefas domésticas – que, quando Augustus não estava, eram infinitamente menores. Rebeca tinha Amarílis para conversar, mas sentia falta dos seus e decidiu visitá-los com a pequena carroça que seu pai e Augustus tinham feito para ela a fim de se locomover, visto que não podia cavalgar com seu filho pequeno.

Chegou à casa de Constanza para passar dois ou três dias.

Teotônio ficou feliz em poder ver o neto, e Constanza abraçou a filha, contente com a surpresa.

Rebeca gostava de voltar ao lar. Aliás, por ela, lá era sua verdadeira casa. Não que não gostasse da sua, mas não havia planejado morar lá. Fora obrigada, e só agora, depois de algum tempo, é que começava a fazer dela seu lar, assumindo uma identidade que a tornasse sua.

Pietro veio receber a irmã, assim como sua cunhada.

– Nossa, mas como está grande! – Rebeca virou-se para seu sobrinho mais velho e viu que o pequeno estava maior que Augusto.

Seria bom ficar lá por alguns dias, pensou Rebeca. Poderia conversar, e Augusto também poderia brincar, visto que já entendia algo de se entreter com as mãos e a música. Sim, porque Rebeca possuía uma voz melodiosa, mas firme, e suas canções faziam Augusto repetir suas palavras inúmeras vezes.

Constanza tratou de cozinhar algo mais. Não era uma festa, mas ter a família reunida novamente sempre era motivo de comemoração. Pietro tinha ido chamar Lúcio e sua esposa, mas não sabia se viriam, visto que Lúcio não estava em casa e a cunhada o atendera dizendo que não sabia se ele voltaria hoje.

Teotônio era dos mais felizes. Brincava com o neto, e este respondia com gargalhadas que se faziam ouvir até onde Constanza e Rebeca estavam.

– E como estás tu, Rebeca? Algo te trouxe até aqui, ou somente as saudades?

– Acaso não posso sentir saudades dos meus, mamãe? Tenho que ter algum motivo para vir aqui?

– É claro que não, e sabes disto.

Rebeca se perguntava quando ela e a mãe realmente se entenderiam. Será que esse dia chegaria?

Constanza, por sua vez, viu que era melhor fechar a boca a fim de manter a paz em seu lar.

A mesa estava posta, e todos foram chamados para cear. Teotônio enunciou uma oração agradecendo o alimento, e Rebeca sempre ficava comovida com as palavras do pai.

Era sempre muito bom estar de volta, apesar dos pesares, pensou Rebeca; só não sabia que sua vida estava prestes a mudar e que agora ficaria mais afastada da família e dos amigos.

CAPÍTULO 13

Embora por poucos dias, Rebeca ficou feliz em ter estado com seus pais e irmãos. Sempre vinha renovada para casa.

Aguardava para dali a alguns dias a chegada de Augustus. Sempre ficava mais inquieta com a possibilidade de ele aparecer.

O dia estava bonito e pensou em colher algumas flores para enfeitar a mesa onde fazia as refeições. Augusto queria pegar as flores, mas era preciso ter cuidado para que não as levasse à boca. Rebeca ria de seu pequeno filho. Em alguns pontos, eram muito parecidos – os olhos sempre atentos era um deles.

No que será mais que teria puxado um ou outro? Augustus tinha qualidades, por certo que sim, e também era um homem bonito, porém, mesmo com essas características, não se apaixonara por ele. Tinha bom coração também, embora nos últimos tempos suas atividades não demonstrassem isso e o fio de sua espada falasse mais alto.

Esperava para Augusto uma vida tranquila. Gostaria que ele se dedicasse aos livros ou a qualquer atividade intelectual. Seria melhor do que abreviar vidas ou servir aos interesses de quem pouco se importava com o ser humano.

Sua atenção foi desviada por um cavalgar. Seu coração disparou. Um breve pensamento ecoou em sua cabeça e a fez se lembrar do homem de Gália.

– Senhora.

Rebeca virou-se como que a seguir a voz que já não lhe era de todo estranha.

– Sim.

– Vejo que estás acompanhada de um pequeno soldado.

– Seu nome é Augusto César. Está prestes a completar um ano.

– Acaso lembras de mim?

– Como não? Segues para Roma ou para qualquer outro lugar?

– Sim, é para lá que vou, mas não irei demorar. Voltarei em poucos dias. Não pude deixar de passar por aqui. Tenho por intuição seguir meu coração, e ele sempre me traz de volta ao que me faz bem para a alma.

Os olhos de ambos se cruzaram. Rebeca sentiu o coração disparar. O que os deuses ou o destino queriam com ela?

– Senhor, peço-te licença, pois tenho que voltar.

– Não pretendo me demorar. Só irei em busca de água novamente e partirei.

Otaviano gostaria de permanecer muito mais ali com Rebeca, mas não sabia nada sobre ela e provavelmente seu esposo poderia aparecer e teria de se explicar.

– Peço desculpas por meu atrevimento.

– Não tens do que se desculpar, mas preciso ir para dar o alimento a este pequeno soldado.

Otaviano riu, e Rebeca pôde ver que era um homem bonito – diferente nos traços e no porte em relação a Augustus. Também parecia não ser violento e ter caráter amistoso, mas era melhor ir embora.

– Boa sorte, senhor. Que os deuses te guiem.

Otaviano fez um aceno de cabeça e seguiu seu caminho.

Rebeca voltou a sua casa e colocou o pequeno Augusto no tapete de pele enquanto se refazia da emoção de ter encontrado o tal homem novamente. O que ele estaria querendo com ela? Esse pensamento e tantos outros rondavam-lhe a cabeça, mas não conseguia colocá-los em ordem.

Que bom que Augustus não estivesse por ali. Não saberia explicar a situação a ele, ou não conseguiria. Acreditava que sua reação a trairia, embora não tivesse feito nada. Mas Augustus não era inocente e agora, mais do que nunca, temia sua reação. Seu coração, embora fosse bom, tornara-o endurecido e não sabia mais do que ele era capaz.

Tomou um pouco de água e deixou-se ficar ali a fim de colocar as ideias em ordem.

Depois de algum tempo, o choro do pequeno Augusto tirou-lhe daquele torpor, e Rebeca voltou à realidade. Por certo deveria estar com fome, e providenciou o alimento para saciá-la.

Em seguida, arrumou as flores em um recipiente e colocou algumas perto do lugar que Augustus reservava aos deuses, pedindo que a protegessem, sobretudo de seus pensamentos.

Rebeca agradecia por esses dias em que se encontrava só. Bom, com Augusto César, apenas. Não gostava de dar explicações sobre o que fazia, aonde ia e, principalmente, sobre o que pensava.

Nos dias que se seguiram, Rebeca pouco saiu de casa. Soube que o filho de Amarílis não estivera bem, mas já havia se recuperado. Precisava ir visitá-la, mas não queria sair, com receio de quem pudesse encontrar no caminho. Esperaria mais dois ou três dias e iria. Talvez Augustus ainda não tivesse chegado e conseguiria levar algo para o pequeno de Amarílis e conversar um pouco.

Mas Rebeca não levaria mais a compota que fizera para a amiga. Não que não pudesse, mas Augustus acabara de chegar e tudo se tornava mais difícil com ele por perto.

O esposo a abraçou e beijou, e agora erguia o pequeno Augusto, que chorou assim que Augustus o pegou.

– Acaso não me reconheces? Sou teu pai.

Rebeca notou a tristeza de Augustus.

– Meu querido, é natural que fique assim. Faz tempo que não o vê. Não fiques desse jeito. Logo estará pedindo teu colo. É só uma questão de tempo, e de ele se acostumar novamente com sua voz e com você.

– Sei disso. Sei que ainda é pequeno e pouco ou quase nada sabe, mas não é esta a recepção que qualquer pai gostaria de ter. Mas isto não vai acontecer mais. Virão comigo, e Augusto César vai, de agora em diante, ter seu pai e vê-lo todos os dias.

O coração de Rebeca disparou.

– O que queres dizer, meu esposo?

– Que arrumei uma casa para que possamos morar em Roma, a fim de que estejamos unidos. Estou cansado de me ver só, às voltas com soldados. Quero minha família perto de mim. Mas fique despreocupada. Arrumei também uma pessoa que possa ajudá-la no serviço doméstico, para que te dediques somente a nosso filho. Já está tudo providenciado.

Rebeca, imersa como que em um turbilhão de pensamentos, ficou em estado de choque. Não poderia mais caminhar, tampouco estar a sós, como gostava. E quanto a Amarílis e seus pais? Não os veria mais...

– Acaso não te agrada a ideia de estar com teu esposo?

– Não é isso, meu querido. É só que a notícia me pegou desprevenida. Sabes o quanto gosto da nossa casa e da vida no campo.

– Sim, sei disso, mas verás que pensei em tudo. Nossa casa é muito maior e tem o conforto que faz jus a minha nova posição. Farás novos amigos e, sempre que puderes, visitarás teus pais, e eles a nós.

Rebeca não conseguia disfarçar sua reação ao saber de seu novo destino.

Augusto agora brincava com o pai, já demonstrando reconhecimento. Vendo a cena, Rebeca retirou-se e pediu ajuda aos deuses, ou ao Cristo. Não queria aquilo para ela. Sua mãe entregara-lhe a Augustus, e agora não tinha como mudar aquela situação.

Mais uma vez perdida em pensamentos, Rebeca deixou-se ficar a sós por algum tempo, a fim de entender e aceitar o que o destino lhe impunha.

CAPÍTULO 14

Assim que Augusto dormiu, logo após ter se alimentado e cansado de brincar com o pai recém-chegado, Augustus foi falar com Rebeca. Com o tempo, ele também aprendera um pouco sobre a esposa e podia concluir que a notícia não lhe agradara.

— Não vês que quero o melhor para nós e nosso filho? Que prefiro vocês perto de mim a estar dormindo com os soldados, ou em algum lugar sozinho?

— Sei disso, mas pensei que com o tempo pudesses voltar, e não nós irmos ao teu encontro.

— No começo também pensei em ser assim, mas o destino ou os deuses fizeram com que eu permanecesse e até melhorasse de posto. Acaso não ficas contente com isto?

— Ficaria sim, meu querido, se por trás dessa tua ascensão o motivo não tivesse sido vidas ceifadas. Não pensas nas famílias que ficaram órfãs de seus parentes e nas vidas que tirou em nome do que Roma acha que é certo?

Rebeca aproveitava para colocar agora o ponto de vista que tinha desde há tempos.

– Sabes que não sou eu quem dá as ordens. Que somente as sigo. Mas não vês que é para o bem de Roma e dos que seguem aos deuses? Por que te incomodas com isto? Acaso não concordas?

– Não concordo em ter que pagar com a vida. Não concordo com isto.

– Também eu não fico contente em ver pessoas perderem a vida ou trabalhar em serviços para os quais não foram feitas.

– Então por que não voltaste para a vida no campo? Por que permaneceste lá?

– Que queres que eu diga? Foram os deuses ou o destino. O fato é que hoje ocupo uma posição com a qual não sonhei. Não te orgulhas disto?

– Não em ver o que te levou a tal posto.

Augustus viu que aquela discussão, de fato a primeira em anos de casado, não levaria a lugar algum. Estava decidido. Iriam para Roma e pronto.

Rebeca, por sua vez, viu também que não conseguiria mudar o que já estava decidido.

– Quando queres partir?

– O quanto antes. Amanhã, logo ao amanhecer.

– Está bem. Pelo que dizes, pouco teremos que levar. Arrumarei tudo o quanto antes. – Rebeca virou-se e começou a reunir seus pertences e o que achava que seria necessário.

Augustus pensou que aquela reação era normal, mas acreditava que depois Rebeca iria se acostumar com a nova vida. Cansado, veio a dormir.

Rebeca aproveitou para escrever uma carta a Amarílis contando tudo o que estava acontecendo. Lágrimas vinham a seus olhos, e tentou encontrar alguém que pudesse levar a tal carta. Logo avistou um camponês e foi até ele. Já recolhia os animais, porém ela lhe pediu que fizesse esse favor.

O jovem tranquilizou-a dizendo que naquele mesmo dia a carta estaria nas mãos de Amarílis, a quem ele também conhecia, visto que sabia quem era seu esposo. Rebeca agradeceu e se perguntou quando veria novamente a amiga.

De volta a casa, viu que Augusto exigia-lhe os cuidados e não pôde continuar a arrumar o que iria levar.

Na manhã seguinte, Augustus arrumava a carroça com os pertences e já estava pronto para partir. Rebeca, por sua vez, queria estender-se o mais que pudesse na arrumação e em deixar a casa, mas chegou a hora de ir embora.

Augustus ia na frente com seu cavalo e conduzia com Rebeca a pequena carroça. A distância era de mais ou menos um dia; perto do anoitecer estariam chegando.

Pararam para descansar e alimentar Augusto César. Rebeca aproveitou para ver a paisagem que existia ali.

Augustus permanecera calado quase toda a viagem. Tudo o que fazia era para o bem da família e não podia deixar de estar decepcionado com a reação de Rebeca.

Começava a anoitecer, e Rebeca podia ver de longe as luzes das tochas de Roma. Chegavam a seu novo destino.

Avançaram mais um pouco, e Augustus parou em frente a uma construção simples, mas com ar imponente. Não lembrava em nada sua antiga moradia.

– É aqui, minha querida, que iremos morar.

Rebeca pôde sentir o pulsar de seu coração ainda mais forte. Assim que entraram, a criada veio recebê-los. Tomando aos poucos conta do que seria sua nova vida, e ainda sem estar acostumada a lidar com criados, Rebeca ficou sem saber como se comportar.

Augustus, vendo a reação da esposa, tratou de tranquilizá-la, dizendo que iria se acostumar. Rebeca lançou-lhe um olhar que Augustus nunca tinha visto, e ele começou a acreditar que não conhecia aquela pessoa com a qual havia dormido durante todos aqueles anos de casado.

Rebeca, pensando o mesmo, dizia para si que Augustus não a conhecia realmente, pois, se a conhecesse, não teria se casado com ela.

O pequeno Augusto olhava tudo com curiosidade, e Augustus o pegou no colo para que Rebeca pudesse ajudar a criada a colocar os pertences nos devidos lugares. Antes de partir, Augustus havia dado ordens para que tudo estivesse arrumado e que algo fosse providenciado a fim de que pudessem comer.

A criada, por sua vez, obedecera à ordem e, pela primeira vez, Rebeca agradeceu por não ter de cozinhar; não que não gostasse, mas, depois de percorrer aquele longo caminho, ter de cozinhar algo seria ainda mais desgastante.

Rebeca pôde ver que a criada fizera tudo com capricho, e Augustus viu a aprovação da esposa em seus olhos.

Augustus, logo após a refeição, foi se recolher, pois logo pela manhã teria de vistoriar novos cavalos que haviam chegado.

Rebeca, no fundo, esperava que ele ficasse fora por algum tempo. Não queria dar-lhe explicações sobre o que sentia ou deixava de sentir. Não estava acostumada a isso. Nem à mãe dera satisfações sobre o que sentia, embora Constanza quisesse saber a todo custo o que lhe ia na cabeça ou na alma.

Augusto César agora estava no colo da criada, e Rebeca percebeu que ela tinha jeito com crianças. "Menos mal", pensou.

Depois de brincar mais um pouco, Rebeca tomou o pequeno do colo da criada, e esta foi arrumar o que lhe cabia.

Augusto adormecera também, e Rebeca enfim pôde ficar sozinha. Falou à criada que ela poderia se recolher e que no dia seguinte continuariam a arrumar o que haviam trazido. Esta fora sua primeira ordem para a criada. Não estava acostumada, mas não fora tão difícil quanto pensara.

Saiu na sacada da nova residência, vendo que não se encontrava bem ao centro, mas sem dúvida havia uma movimentação e um barulho com os quais não estava habituada.

Olhou para o céu e notou que estava estrelado. Ah, se ela pudesse voltar! Pensou em Amarílis e no quanto sentiria falta das conversas e da vida no campo. Por que o destino impusera-lhe tal sentença? Esperava que a carta tivesse chegado às mãos da amiga. O jovem prometera que Amarílis logo estaria com ela.

De fato, Amarílis agora tinha a carta de Rebeca nas mãos. Lágrimas escorriam pelo seu rosto e uma certeza invadia-lhe a alma: a de que não veria mais sua amiga.

Neste momento, Rebeca e Amarílis estavam unidas pelo pensamento e, do Alto, espíritos amigos sabiam que ambas precisariam ser fortes para viver os respectivos destinos. Orações subiam aos céus em busca de compreensão e aceitação do que estava por vir.

CAPÍTULO 15

Rebeca deixou o cansaço se abater sobre seu corpo e adormeceu.

Mais uma vez, sonhou com o homem que lhe pedira informações, mas o rosto não era o mesmo. Ele lhe estendeu a mão a fim de ajudá-la. Rebeca desta vez não acordou, permitindo que o sonho continuasse. Andavam de mãos dadas, lado a lado, e parecia que se conheciam de outras vidas. O entendimento deles era através do pensamento; nenhuma palavra precisava ser dita. Seus olhares se cruzavam e ambos sentiam o amor que os unia. Andaram até certo ponto, e o homem parou e deixou Rebeca. Era hora de se despedir, e ela percebeu que era hora também de acordar.

Foi assim que despertou. Olhou a sua volta, e aquele não era o mesmo quarto de antes. Certamente que não. Estava em sua nova casa, porém não a sentia como sua. Não a escolhera para si. Assim como não escolhera o homem com quem casara.

Até quando iria ter de aceitar o que os outros escolhiam para ela? Primeiro sua mãe, depois Augustus. Estava farta de não poder ela mesma escolher o que queria para si.

As leis dos homens, as leis de Roma.

Será que Rebeca ou seus pensamentos estavam muito à frente do que era normal para aquela época? Não queria nada de mais. Somente a liberdade de poder escolher com quem gostaria de viver, por onde andar ou a quem devotar sua fé. Isso era crime? Se fosse, realmente estava condenada.

A criada entrou no quarto, e Rebeca se assustou. Augustus já havia levantado, e o pequeno Augusto César estava no colo da criada, mas agora queria o seu.

Rebeca estendeu os braços e o colocou junto a si. Dispensou a criada, que obedeceu. Não estava acostumada com isso. Queria avisar aos pais sobre a situação atual. Encontraria uma maneira de ir lá ter com eles.

Não queria que fossem até sua nova casa, embora soubesse que Constanza viria, querendo ela ou não. Notava há muito tempo em sua mãe a falta de paciência e a inconformidade com as questões religiosas. Bom, nesse ponto, ela e Rebeca eram parecidas. Sabia que a mãe tinha razão em muitas questões no que dizia respeito à sua fé, mas seu pai também. Tinha um pouco dos dois, e ao mesmo tempo havia momentos em que não se parecia com ninguém.

Rebeca deixou o pequeno Augusto brincando no leito e foi se arrumar.

A criada era uma mulher de mais ou menos trinta anos. Agora via com mais calma sua nova casa e como tudo estava arrumado e organizado. Augustus, não podia deixar de notar, tivera bom gosto ao escolher a construção. Não conhecia outras, mas, pelo que pôde ver, aquela deveria ter tido um custo alto. Será que Augustus estava mesmo em condições de adquirir aquela casa? Será que estava se projetando tanto assim, a ponto de que pudesse ou precisasse mudar de vida? Bom, agora veria com os próprios olhos.

A criada veio perguntar sobre o que gostaria que fizesse para a refeição de logo mais, e Rebeca acompanhou-a. Embora não quisesse assumir sua nova vida, não queria que outros o fizessem por ela.

As horas passaram com rapidez, sem que Rebeca sentisse, arrumando uma coisa aqui e outra ali de seus pertences.

Augustus chegara mais cedo e via-se que estava feliz. Parecia ter se esquecido de tudo o que Rebeca havia falado sobre a mudança.

– Como estás te sentindo em tua nova casa? – perguntou Augustus. – Vês como pensei em tudo?

– É verdade. Noto que pensaste nos mínimos detalhes. Por que não me disseste antes que queria que mudássemos para cá? Pelo que pude ver, já devias estar com este pensamento há algum tempo.

– Minha querida, como falei, estava cansado de viver só e queria ver meu filho crescer e também estar perto de ti. Não te agrada a ideia de estar perto de mim também?

Rebeca procurou mudar o foco da questão.

– Não se trata disto. – Mas seus olhos teimavam em dizer a verdade que escondia em seu coração. – Não me imaginava morando na cidade. Desde pequena, sou acostumada com a vida no campo e não sei o que é viver fora de lá.

Augustus sabia que Rebeca tinha sua parte de razão, mas esperava que, com o tempo, se acostumasse a morar na cidade também.

– Sei disso, minha querida, mas verás que aqui não é de todo ruim. Não traria você para um lugar que não fosse bom. Aqui ainda não é de todo no centro da cidade, e o tumulto do vai e vem das pessoas se encontra distante.

Augustus pegou Augusto César no colo.

– Estás vendo porque trouxe vocês para cá? Quero estar perto de ti e de nosso filho – e Augustus levantou o pequeno Augusto, que caiu em gargalhadas com a brincadeira do pai.

Rebeca viu que nada do que falasse iria adiantar. Augustus, por sua vez, deixaria que o tempo agisse.

Rebeca não gostava de trabalhos manuais, mas, quando se via entediada ou necessitando evitar seus pensamentos, muitas vezes fiava ou tecia algo. Não seria diferente desta vez. Já era de noite, e Augustus examinava alguns papéis enquanto Augusto César brincava. Rebeca então começou a tecer uma nova manta para o filho. Acreditava que o frio na cidade não fosse tão intenso como no campo. De qualquer forma, uma manta nova nunca era demais. As outras já estavam ficando pequenas para Augusto.

— Vou me recolher. Queres vir comigo?

Ao que Rebeca respondeu:

— Já vou. Vá indo que estou terminando, para que o fio não se perca.

Augustus sabia que Rebeca estava aborrecida e deixou que ficasse a sós. Rebeca, por sua vez, sabia o que Augustus queria e tentou se desvencilhar. O que ela menos queria era ter com ele.

Os dias foram passando, e Rebeca disse a Augustus que queria avisar seus pais sobre a mudança. Augustus contou-lhe que já havia enviado uma carta a Teotônio e Constanza avisando sobre as novidades e convidando-os a passar uns dias com eles.

O rosto de Rebeca inflamou-se com a notícia.

— Por que não me avisaste sobre a carta? Poderia eu mesma tê-la escrito.

— Mas, minha querida, o que irias escrever tu que eu não pudesse ter escrito?

— Não iria escrever nada de mais. Mas são meus pais, e não preciso que ninguém fale por mim.

Rebeca não iria admitir tal coisa. Augustus já estava passando dos limites, e ela não sabia se aguentaria tal arbitrariedade.

— De qualquer modo, minha querida, espero para os próximos dias a visita dos teus.

O que menos Rebeca queria estava acontecendo: Constanza convivendo com Augustus. Que os deuses a ajudassem para que isso não se concretizasse.

A criada observava Rebeca. Imaginava o que devia estar passando. Também ela fora infeliz em seu casamento. Sofrera com o esposo, até que ele morrera em um combate. Haviam tido um único filho, que agora estava com sua mãe e irmã para que pudesse trabalhar. Via-o uma vez a cada quinze dias, e seu coração estava com saudades.

Certo dia, Rebeca, estando só com a criada, pediu que ela contasse um pouco sobre sua vida, e a criada narrou-lhe sua história. Rebeca percebeu, então, que, independentemente da posição que cada um ocupava, as pessoas tinham um destino a cumprir.

Não sabia bem o porquê, mas acreditava que para tudo havia uma explicação e lembrou-se do sonho que tivera. Será que conhecia de outras vidas aquele homem? Por que ele lhe estendera a mão para que caminhasse com ele?

Rebeca pôde ver na criada um quê de tristeza e pensou que talvez fosse bom tê-la como amiga. Sentia-se muito só. Não que fosse substituir Amarílis, mas a ajudaria a passar o tempo e quem sabe dali não nascesse uma nova amizade?

— Senhora, quer que eu prepare o banho do pequeno Augusto? — Rebeca percebeu o carinho com que a criada se referia a seu filho.

— Sim, podes preparar. Como vês, está lambuzado do biscoito de mel que lhe dei.

Augusto olhava para Rebeca, como que concordando com o que dizia. Embora a pouca idade, Augusto lembrava muito Rebeca quando pequena. Seus olhos vivos e atentos estavam sempre a seguir os passos da mãe. Rebeca reconhecia nele um pouco de si. Mas como não? Afinal, era seu filho. Em seu pensamento, pediu que realmente tivesse mais de si do que de Augustus.

A noite chegou mais uma vez, e Augustus mostrava-se feliz em poder ter os seus perto de si. Não pensava como Rebeca. Não achava que fora arbitrário trazendo-os para morar ali. Havia pensado no bem-estar deles e no conforto que poderiam ter vivendo agora na cidade.

Rebeca, aos poucos, foi se deixando envolver pelo dia a dia em sua nova vida. Não, não esqueceria tudo que vivera até ali, mas de nada adiantaria ficar pensando naquilo. Teria de prosseguir, então que fosse da melhor maneira, a fim de viver em paz com Augustus e aceitando o que os deuses haviam planejado para ela.

CAPÍTULO 16

Constanza lera a carta enviada por Augustus, na qual relatava a mudança deles, e agora falava com Teotônio a respeito.

— Rebeca agora se encontra mais distante de nós.

— É verdade. Será mais difícil para nós vê-la. Mas, como leste, podemos passar uns dias com ela se quisermos.

— Não me agrada a ideia de ficar perto de Augustus. Mas só assim poderei ver meu neto e minha filha.

— Então, que seja por eles.

— Podemos ir qualquer dia. Não posso dizer que não tenho curiosidade em ver para onde Augustus levou minha filha. A mim não interessam nem luxo nem conforto. Quero que ela se sinta feliz, e sei que aqui no campo não era infeliz.

— Sei disso também. Foi criada aqui. De qualquer modo, acredito, pelo que conheço de nossa filha, que não está contente.

Constanza pensou no casamento de Rebeca com Augustus. Sabia que a filha não o amava, mas pensara no melhor para ela.

Teotônio sabia o que se passava com Constanza e tinha a certeza de que a esposa agira pensando no melhor para a filha; porém, agora, ela própria não tinha mais a mesma certeza.

Rebeca assumia pouco a pouco sua nova vida, e Augustus ficava feliz com isso. Ela já transmitia ordens à criada como se já houvesse tido criados antes. Isso dava a ele a certeza de que fizera bem em trazê-los para aquela casa.

Augusto faria um ano, e Augustus pensou em comemorar trazendo as famílias para conhecerem sua nova morada e festejar também o aniversário do pequeno. Comentou com Rebeca a esse respeito, e esta mostrou-se animada com o que Augustus falara.

— Posso eu mesma escrever uma carta agora convidando meus pais para virem à comemoração do aniversário de Augusto?

— Sim, escreve, e pedirei que um mensageiro a leve. – Augustus percebera o tom de Rebeca, deixando claro que não deveria agir por ela.

Mais que depressa, Rebeca pegou o pergaminho e pôs-se a escrever para os pais. Disse da saudade que sentia e que esperava que viessem ter com ela alguns dias. Sabia das questões religiosas que envolviam sua família e Augustus, mas esperava que isto ficasse de lado por um tempo, a fim de desfrutar da companhia deles.

Em alguns dias, Constanza recebeu nova carta, agora dizendo a respeito dos anos de Augusto e do novo convite para passarem uns dias com Rebeca. Sabia que não poderia recusar, e não queria fazê-lo também. Pensou o mesmo que Rebeca: permitiria que por algum tempo sua fé não ultrapassasse os limites da razão. Será que conseguiria? Esperava que sim.

Teotônio ficou feliz com a notícia. Sentia saudades da filha. Por ele, todos morariam juntos. Mas isso não era possível.

Constanza pediu que o mensageiro aguardasse enquanto escrevia uma resposta para Rebeca.

Rebeca, à noite, leu a mensagem de Constanza e comunicou a Augustus que eles viriam dentro de três semanas.

Augustus enviou aos pais o mesmo convite, e Rebeca obteve a resposta de que também viriam.

Havia muitas coisas a serem providenciadas. Seria bom para que Rebeca se distraísse, e sabia que podia contar com sua criada e agora nova amiga. Certamente seus pais ficariam felizes em ver como Augusto estava crescido.

Augustus, por sua vez, estava animado e feliz. Aliás, Rebeca nunca vira o marido daquele jeito. Torcia para que os novos tempos deixassem seu coração em paz, sem colocá-lo à prova diante dos que possuíam uma fé diferente da dele.

A casa era suficientemente grande para acomodar todos, e Augustus via o desempenho de Rebeca ao preparar a moradia para a chegada das visitas.

Rebeca fora certa vez com a criada fazer compras pelos arredores. Era a primeira vez que saía do campo. Ficara abismada com a movimentação dos transeuntes e do comércio. Nunca vira tantas pessoas. Uns gritavam, exibindo suas mercadorias; outros, mais modestos, procuravam agradar pedindo que experimentassem isto ou aquilo.

O pequeno Augusto mostrava em seus olhos a curiosidade e a admiração por toda aquela novidade. Rebeca também não podia esconder que estava admirada com tudo aquilo.

Já de volta, refrescara-se do calor. No campo, o ar era mais fresco, e deu água para Augusto, que mostrou sua sede exigindo que Rebeca desse-lhe o líquido até ficar satisfeito.

Augustus chegara e mostrara-se descontente com a saída de Rebeca.

– Acredito que este seja um serviço para a criada. Não quero que fiques te expondo.

– Como não? Não me trouxeste para viver aqui? Gosto de sair; não vou ficar trancada só a cuidar dos teus interesses.

– Não quero que cuides só dos meus interesses. Quero que te preserves.

– Mas o que fiz de errado? Saí para fazer compras e conhecer um pouco de tudo que falas.

– Bom, espero que da próxima vez deixes que a criada faça esse serviço.

Rebeca não queria discutir, mas não era mulher de receber ordens. Augustus sabia disto, mas será que era necessário sempre lembrá-lo desse detalhe? Ah, se pudesse, correria para os campos e levaria o filho consigo, deixando tudo para trás a fim de começar uma nova vida, só ela e Augusto.

Augustus pouco comera da refeição do meio-dia, retornando com rapidez. A criada percebeu o desgosto de Rebeca e procurou ajudar.

– Senhora, o tempo fará com que meu senhor veja que não fizeste nada de mais.

– Espero que tenhas razão. Estou cansada de que me diga o que posso ou não fazer. Obrigada por tuas palavras, mas vou para meu quarto. Preciso descansar e ficar um pouco a sós.

A criada começava a conhecer melhor os hábitos de Rebeca e fez um aceno com a cabeça, como que concordando com o que dizia.

Augusto César também estava cansado e logo adormeceu.

Rebeca, agora a sós, pensava em tudo. Pensava em Amarílis. Que falta sentia de sua amiga! Pensara em convidá-la para o aniversário do filho, mas não poderia acomodar todos e seria cansativo para Amarílis ir e voltar no mesmo dia. Esperava uma outra oportunidade para poder fazê-lo. Sentia falta das conversas que tinham.

Amarílis, por sua vez, também sentia o mesmo.

Desde que Rebeca se mudara, nunca mais conversara com ninguém. Dedicara-se somente a seu filho e ao esposo. Procurava se distrair confeccionando roupinhas para o filho, mas sempre lembrava-se da amiga e das conversas sobre outros mundos e tudo em que Rebeca acreditava.

Ficava encantada com o que falava e sobre o que já havia lido. É verdade que não entendia muita coisa, mas gostava de ver a empolgação da amiga.

Em suas orações, sempre pedia por Rebeca e sua família.

Se pudesse, gostaria de visitá-la, mas seu medo com relação a Augustus a impedia de fazer isso.

Rebeca deixou o cansaço da caminhada dominar seu corpo e adormeceu junto a Augusto.

Pôde ver, pouco antes de adormecer, o rosto do filho. Parecia-se mais com quem? Sempre se perguntava isso. Acreditava que os traços eram uma mistura dos seus com os de Augustus, mas certamente o gênio era dela até então. E foi com esse pensamento que se deixou adormecer. De tudo o que a vida lhe impusera, o filho era seu melhor presente.

CAPÍTULO 17

Augustus chegara tarde da noite. Rebeca o aguardava. A criada havia se recolhido, e Augusto dormia novamente. Perguntou-lhe se queria comer algo, e Augustus disse que não.

Rebeca notou que o marido ainda estava aborrecido com sua saída e quis conversar, mas não obteve resposta. Augustus se recolheu. "Melhor assim", pensou. Deixaria para o outro dia ou não mais tocaria no assunto. Mas seria difícil não tocar...

Ficaria presa naquela casa? No campo, pelo menos, podia sair e dar suas caminhadas, visitar os pais ou Amarílis. Mas, agora, o que lhe seria permitido fazer? Rebeca perguntava-se até quando iria suportar aquela situação.

No dia seguinte, Augustus brincava logo cedo com o filho. Rebeca pôde ver que a noite fora de descanso, pois o marido aparentava estar mais sorridente do que horas atrás.

– Hoje não irei ter com os soldados. Eu mesmo lhe mostrarei Roma. Se tiveres que ser vista, que te vejam comigo, que sou teu esposo.

Rebeca escutava aquelas palavras e não sabia se ficava feliz ou incrédula com o que escutava.

– Logo mais, iremos sair. Apronta Augusto; quero levá-lo conosco.

Rebeca nada falou. Só assentiu com a cabeça.

Augustus por sua vez notava em Rebeca sua rebeldia, mas também a aceitação do que ele falava. Esperava que acreditasse que o que fazia era o melhor para ela e o filho. Não gostava de agir daquele jeito autoritário, mas começava a perceber que só assim Rebeca conseguiria entender.

Rebeca, antes de sair, dera ordens à criada para que fizesse algo para comerem quando voltassem. Não sabia a que horas isso aconteceria, mas por certo viriam com fome.

Augustus pusera sua melhor farda, e Rebeca perguntava-se por que se vestira assim. Talvez quisesse impressionar, mas a quem?

Com o tempo, Rebeca percebera que o esposo estava mais inflexível e autoritário. Talvez seu coração houvesse realmente endurecido.

Augustus deixou a pequena carroça e agora caminhavam por entre o povo romano. Rebeca pôde ver que muitos saudavam Augustus. Por sua vez, Rebeca fazia uma reverência, embora não conhecesse ninguém.

Augustus exibia o filho, agora em seu colo, e parava para conversar com um e outro. Rebeca não havia até então tido a ideia da popularidade de Augustus. Não sabia se isso era bom ou não.

Viu ao longe uma construção imponente e gigantescas colunas. Acreditava ser dali que Roma era dirigida. Perguntou a Augustus, e este respondeu que estava com a razão. Viu o comércio novamente, e passaram por algumas ruas a fim de conhecerem um pouco mais.

Rebeca não sabia bem o porquê, mas não gostava dali. Algo em seu íntimo fazia com que preferisse ficar longe daquele lugar. Agradeceu em seu íntimo quando Augustus quis retornar. Acreditava que o marido poderia ficar tranquilo, pois ela mesma não queria voltar.

Já em casa, Augustus fez sua refeição e disse que iria cuidar da carroça, pois vira uma folga na roda que a sustentava.

Rebeca imaginava que naquele dia Augustus não mais sairia de casa.

A criada notou que Rebeca não era a mesma quando Augustus estava ali.

Rebeca pediu que ela cuidasse do pequeno Augusto para que pudesse comer algo. A criada então foi com o pequeno para fora, e Rebeca agradeceu pelo silêncio que agora tinha em sua casa.

Rebeca adorava o silêncio. Ali ela podia entender melhor seus pensamentos. Gostava também de ficar só. Precisava disso para se conectar consigo mesma. Aquelas horas sempre eram preciosas. Havia tempo que não estudava.

Certa vez, lera algo sobre os astros e ficara encantada. Acreditava que houvesse vida por entre as estrelas. Gostava de ficar olhando para elas. Seu pensamento foi desviado para aquele rosto de homem que viera da Gália e a parara para saber o caminho de Roma.

Um toque em seu braço, e Rebeca se deu conta de que mais uma vez perdera-se em pensamentos. Augustus entrara a fim de tomar um pouco de água e notara a expressão de Rebeca.

– Em que pensas, minha cara?

– Em nada, Augustus. Pensava nos meus pais. Estou com saudades deles. Não vejo a hora em que possam estar conosco.

– Dentro de poucos dias estarão aqui.

Augustus não sabia por que, mas não acreditava no que Rebeca falara. Contudo, o que poderia esconder?

Vivendo agora direto com Augustus, Rebeca teria de ter cuidado com o que pensava. Até isto lhe seria tirado? Seus pensamentos?

Não tinha vontade de comer mais nada. Retirou o prato de cima da mesa e começou a arrumar algumas coisas. Seria melhor manter as mãos ocupadas a fim de não mais se distrair com o que pensava.

No dia seguinte, Augustus saiu logo pela manhã, e Rebeca ainda dormia. Assim que acordou, pôde ver o leito vazio e deixou-se ficar um pouco mais. Augusto deveria estar com a criada, pois estava só no cômodo. Pôde ouvir as risadas do pequeno. Ficava feliz em ver o carinho com que a mulher cuidava de seu filho. Com certeza deveria sentir falta dos seus e procurava, por intermédio de Augusto, sentir-se um pouco mãe dele.

Falaria com Augustus sobre dispensá-la alguns dias. Rebeca nunca havia tido alguém para ajudá-la e poderia ficar só por um tempo. Seria melhor que fosse por agora, pois, quando seus parentes chegassem, acreditava que precisaria de auxílio.

Pensou que gostaria de usar algo novo na festa do filho e, para isso, precisava de tecidos. Como não pensara nisso quando fora até o centro com Augustus? Agora teria de ver uma possibilidade de fazê-lo. Não havia gostado de ir até lá, mas, se quisesse vestir algo novo, era preciso comprar um tecido e costurá-lo.

Levantara-se. O dia estava quente e abriu as janelas. O vento que entrava agora era diferente do do campo. Parecia mais abafado, e não puro como o de lá.

Havia algo no fogo, e agradecia pelas providências que a criada já havia tomado.

Em menos de duas semanas, seus pais estariam com ela. Sentia falta de Teotônio, muito mais que de Constanza. Seu pai, embora não tivesse tido muito estudo, gostava de conversar sobre várias coisas, e Rebeca encantava-se com como ele falava a respeito disso ou daquilo. Teotônio dissera que aprendera diversas histórias com os pais e agora as passava para ela. Lembrava-se das noites em sua antiga casa, em volta da lareira, com a mãe e os irmãos ainda pequenos, embora maiores que ela. Sentia saudades. Saudades de um tempo em que sonhava e acreditava em um futuro para si. Não que não sonhasse mais. Era uma característica sua, mas a vida vinha impondo-lhe uma realidade que não imaginara.

Esperava que tudo corresse bem com a visita dos pais e dos pais de Augustus. Nunca estivera com eles ao mesmo tempo. Conhecia pouco a mãe de Augustus; estivera com ela e seu pai poucas vezes. Sabia, pelo que Augustus dizia, que tinha gênio forte e que levava sua fé nos deuses de forma a seguir os preceitos de Roma.

Bom, esperava que sua mãe conseguisse ser muito firme quanto a se controlar a respeito de sua verdadeira fé.

Rebeca, a cada dia que passava, sabia que seu coração acreditava em algo mais; que não somente os deuses eram responsáveis pelo que acontecia em sua vida; que cada um deveria ter seu destino. Qual seria o seu? Essa era uma pergunta que sempre a fazia pensar.

CAPÍTULO 18

Muito pouco faltava a ser providenciado para a festa de Augusto.

Os pais de Rebeca e os de Augustus chegariam no dia da festa.

Rebeca conferia com a criada as carnes a serem servidas e tudo o que os romanos gostavam de oferecer em comemorações a seus convidados.

Augustus, por sua vez, convidara dois amigos para a comemoração e contara a Rebeca. Esta havia achado que seria uma reunião familiar, mas percebera que Augustus começava a fazer alianças fora do círculo familiar. Augustus dissera que eram seus melhores amigos e que gostaria de compartilhar com eles o aniversário de seu primeiro filho.

Rebeca acreditava ser o primeiro e único. Não engravidara novamente e esperava que isso não acontecesse. Augusto dava-lhe infinitas alegrias, mas não queria que algo desse errado caso engravidasse, como na primeira vez.

É verdade que nos últimos tempos pouco estivera com Augustus, diminuindo assim as chances de isso acontecer, mas não poderia evitá-lo quando ele quisesse ficar a sós com ela.

A criada tirou-lhe de seus pensamentos e disse que talvez fosse necessário fazer mais pães. Rebeca concordou e se colocou a ajudar a criada para que tudo terminasse logo.

Em dois dias, Constanza e Teotônio chegariam. Mal podia esperar para abraçá-los. Que falta sentia deles! Convidara seus irmãos também. Será que viriam? Esperava que sim. Seus sobrinhos deveriam estar grandes. Queria que Augusto fosse criado junto deles; pelo menos teria com quem brincar.

Rebeca falara com Augustus sobre ela passar uns dias com os pais algum tempo depois. Esperava que Augustus concordasse, ou ela iria se tornar sua prisioneira?

Enfim, tudo preparado. O dia seguinte seria o grande dia. Havia vinho suficiente e frutas também. Rebeca fizera um doce que sua mãe lhe ensinara. Esperava que tudo fosse aprovado pelos convidados, afinal, era a primeira vez que recebia em sua casa tanta gente.

Estava ansiosa e, na sacada, tentou ver as estrelas. Havia poucas no firmamento. Augusto e o pai dormiam como anjos. Rebeca sentiu que seu sono deveria demorar a aparecer.

Gostava de observar as estrelas. Desde pequena. A mãe certa vez, lembrou-se, questionara-lhe, como tantas outras vezes, o que procurava ver. E Rebeca lembrou-se da resposta que dera: "Outros mundos, mamãe!" Viu o rosto de Constanza movimentar-se como se respondesse à bobagem que a filha tinha dito, mas Rebeca não ligava para isso. Era diferente da mãe e sempre o seria.

De repente, viu uma estrela cadente e assustou-se. Alguns diziam que deveria ser feito um pedido, e Rebeca pediu, se fosse possível, para ver uma última vez o homem que ia em busca de Roma. Nada mais solicitou; somente que o visse uma única e última vez.

Foi para o leito e tentou dormir. Teve um sono agitado. Nele, Augustus mostrava-se à espreita, como que a vigiar Rebeca. Esta então se via nos campos e ouvia um cavalo. Ao virar-se, constatava ser Otaviano, que a convidava a seguir com ele, mas Augustus aparecia e Rebeca saía correndo.

Acordou angustiada, e Augustus perguntou-lhe o que havia sonhado. Rebeca disse qualquer coisa para que ele se calasse e, pela primeira vez, aconchegou-se a ele, como que a se proteger de si mesma.

Augustus abraçou-a, e Rebeca acreditava não ser mais possível conciliar o sono. Permaneceu assim por algum tempo. Augustus voltara a dormir, e Rebeca tranquilizava seu coração dizendo a si que fora somente um sonho.

Na manhã seguinte, já de pé, Rebeca olhava o vestido que havia feito para si. Mandara a criada comprar o tecido; decidira confiar no bom gosto dela. Dera-lhe as instruções de como gostaria que ele ficasse, e sentiu-se feliz em ver que a criada fizera a compra como se fosse ela mesma.

Após o almoço, Rebeca ouviu o barulho de uma carroça e foi até a sacada. Eram Teotônio e Constanza; seus irmãos não estavam com eles. Uma mistura de felicidade e tristeza apossou-se dela. Gostaria de ver toda a família reunida. Desceu para abraçar os pais.

– Querido pai – falou a Teotônio, e o abraçou com todo o seu amor.

Constanza recebeu logo após as boas-vindas de Rebeca, abraçando-a apertado também. Era visível a reação de Rebeca ao ver os pais.

– Como estás, minha filha? Estava eu morto de saudades. Por mim teria vindo muito antes, mas tua mãe achou melhor virmos somente no dia.

– Mamãe talvez não sentia tantas saudades de mim – e olhou para Constanza a fim de ver sua reação.

– Não digas bobagens, Rebeca. Sabe por que tenho relutância em vir ver-te ou estar mais contigo.

– Sei bem, mamãe. Estou a brincar contigo. Mas lembro-te de que não sou responsável por esta situação.

Rebeca pôde ver o rosto da mãe se contrair. Constanza sabia que era apenas por sua insistência que Rebeca havia se casado tão cedo. Infelizmente, o destino colocara Constanza e o futuro genro em situações opostas, quando Constanza, ao entregar Rebeca em casamento, esperava haver encontrado uma solução.

Rebeca convidou-os a entrar.

Constanza e Teotônio puderam ver que a nova morada era bem diferente da anterior. Não havia luxo, mas conforto suficiente, de modo que Rebeca não pudesse se queixar. Bom, a verdade é que nunca ouvira Rebeca se queixar de algo, pensou Constanza, a não ser sobre a decisão de entregá-la a Augustus tão cedo.

Teotônio agora segurava o pequeno Augusto.

– Como estás grande – disse Teotônio, e Augusto pareceu não estranhar o avô que já não via há algum tempo.

Constanza abraçou o neto também, entregando a Rebeca um novo manto, tendo em vista o inverno que se aproximava.

Rebeca agradeceu à mãe e ajudou-a a tirar os pacotes da carroça a fim de acomodar tudo nos aposentos que reservara para eles. Constanza disse a Rebeca que pretendia ir embora no dia seguinte, mas Rebeca se opôs, dizendo que ficasse alguns dias, e Constanza disse que falaria com Teotônio.

Augustus chegara mais cedo. Abraçou Teotônio e cumprimentou Constanza.

Rebeca, com a criada, ajudava a arrumar tudo para a festa, e Augustus mandara entregar mais vinho.

Rebeca pegou Augusto e disse que iria se aprontar.

Constanza, em seu aposento, dizia a Teotônio sobre o convite da filha, e Teotônio, por sua vez, falou que gostaria de estar por mais alguns dias com a filha e o neto.

Constanza achou que seria difícil negar o pedido de Rebeca, embora ainda não estivesse convencida a ficar.

Rebeca agora via o resultado final de seu novo vestido e achara que, embora não gostasse de costurar, fizera um bom trabalho. Prendera os cabelos em um coque e colocara uma tiara a segurar-lhe os fios que teimavam em se desprender. Estava bonita.

Augusto também parecia um rapazinho, e Rebeca ria-se da criança que ele ainda era e que por muito tempo ainda seria. Melhor que aproveitasse os anos com a ingenuidade de uma criança, pensou Rebeca.

Augustus entrou no aposento e abraçou Rebeca dizendo que estava muito bonita. Falou também que ela parecia muito feliz e que gostaria de vê-la sempre assim. Rebeca sabia que Augustus a amava e que nos últimos tempos sua união não vinha sendo das melhores, mas também ela, a seu modo, aprendera a amá-lo.

– Que assim seja, meu querido – disse Rebeca. – Que possamos viver em paz, com a bênção dos deuses.

Todos desceram, e havia neles uma alegria que há muito não se via no rosto de cada um.

Um dos amigos de Augustus chegara para a comemoração, e ele tratou de apresentá-lo a Rebeca. Augustus serviu-lhe uma caneca de vinho e puseram-se a conversar junto de Teotônio.

Constanza e Rebeca, agora com os pais de Augustus, conversavam entre si. Havia pouco que tinham chegado, e Rebeca tinha pensado até que não viessem.

Constanza conversava com a mãe de Augustus, que elogiava a nova casa.

O pai de Augustus brincava com o neto, e Rebeca percebeu que sentia mais afeição por ele do que pela mãe do marido.

A família enfim estava reunida, e Rebeca esperava que tudo terminasse bem.

CAPÍTULO 19

Já tarde da noite, o pequeno aniversariante dormia, mas seu pai continuava a expor suas ideias aos convidados, que tentavam se retirar. Augustus, porém, sob o efeito do vinho, já ultrapassava as questões morais. Deixara seu coração falar mais alto, e todos podiam ver o que lhe ia de fato na alma.

Rebeca, por sua vez, nunca vira o esposo daquele jeito e tentou convencê-lo a ir se deitar. Teotônio tentou ajudar a filha, já que seu relacionamento com o genro sempre fora de amizade.

Augustus estava atormentado. Falava tudo o que lhe vinha à mente, e Rebeca achou que seria melhor não arrumar nenhuma confusão, embora quisesse também ela falar-lhe algumas verdades. Mas tinha de se controlar, afinal, estava sóbria.

Constanza mostrava sua irritação com o que Augustus falava, mas tentava não se opor. Sabia que o genro não a escutaria, e ela, por sua vez, temia as consequências de algo que pudesse ser falado por ela. Era visível a oposição de Augustus a qualquer fé que não fosse a de Roma. Esse, no momento, era o assunto em questão.

Rebeca simplesmente escutava e, com os olhos, pedia à mãe que não retrucasse as palavras ofensivas de Augustus, que não respondia por si.

A certa hora, Constanza virou-se para Augustus e perguntou:

– Como tens a certeza de que são mesmo os deuses que te atendem o pedido?

Augustus encolerizou-se e respondeu:

– Acaso, minha querida Constanza, tens outro deus ao qual devotas a tua fé?

Rebeca achou melhor intervir e tirar Constanza do local. Era hora de terminar com tudo aquilo. Pediu aos homens que lá se encontravam que levassem Augustus ao seu aposento, embora sob constantes reclamações dele.

Rebeca voltou-se para a mãe e disse:

– Não vês, mamãe, que Augustus está descontrolado e que o vinho tomou a rédea da situação?

– Não sou obrigada a ver e ouvir falar do que Augustus não tem ideia do que seja. Não tolerarei mais isso. Estou cansada de esconder o que vai em minha alma. Não quero temer mais nada.

– Mamãe, não tens consciência do que dizes.

– Fique tranquila, Rebeca. Logo que amanhecer, irei embora com teu pai. Não seria possível permanecer mais um minuto debaixo do mesmo teto que Augustus.

Rebeca, por sua vez, acreditava ser o melhor a ser feito. Planejara tanto poder passar alguns dias com os pais, mas via que isso se tornara impossível.

– Talvez seja o melhor mesmo, mamãe!

Constanza virou-se e dirigiu-se ao aposento cedido para que descansassem. Assim que entrou, Teotônio já a esperava.

– Estás satisfeita agora?

– Estou. Há muito estava cansada de só ouvir. Falarei também agora.

– Não temes o que pode acontecer a ti ou a nós e nossa família?

– Tenho fé no Cristo, e o que tiver de ser será. Se tiver que provar minha fé desta forma, sendo entregue às feras, que então se cumpra o meu destino.

– Não vou discutir contigo. Vejo que, embora não tenhas tomado vinho, não estás lúcida o suficiente para que possas conversar.

Constanza andava de um lado para o outro, como que a não conseguir guardar para si tudo o que achava e sobre o que pensava. Estava farta. Disse a Teotônio que queria ir embora antes que Augustus acordasse, o que sinceramente achava que demoraria a acontecer, visto o estado de embriaguez em que se encontrava.

– Farei o que me pedes, Constanza. Vim para ter alguns dias com minha filha e nosso neto, mas vejo que não será possível.

Constanza começava a perceber o que havia feito. Teve pena de Teotônio, mas não podia mais tolerar ouvir palavras com as quais não concordava. Calara-se por anos; constatava agora que não conseguiria mais fazer isto.

– Tua sorte é que Augustus certamente não se lembrará de nada amanhã.

E Constanza sabia que isso era o mais certo de acontecer. Talvez por essa razão, pensou em seu íntimo, é que se enchera de coragem e o enfrentara.

Teotônio fora deitar, embora sua cabeça doesse com o desgosto de ver a cena que há pouco presenciara.

Constanza sabia que não conseguiria dormir e foi para a sacada do quarto tentar respirar ar fresco, a fim de lhe refrescar as ideias.

Rebeca agora via Augustus, que roncava como que a hibernar no inverno.

Sabia que há muito o convívio entre Constanza e Augustus tornara-se impossível, mas sempre acreditara que nunca chegaria ao ponto que havia chegado.

Os pais de Augustus, por sua vez, estavam sóbrios, e Rebeca via no olhar da mãe do marido a interrogativa que se formara quanto ao assunto. Como faria para responder se fosse questionada sobre o que sua mãe quisera dizer com as palavras que havia proferido? Não sabia. Inventaria algo. Temia só que Augustus viesse a saber e então, sóbrio, fosse até ela ou à própria Constanza tirar satisfação.

Vira o rosto de seu pai e perguntou-se por que a mãe fazia questão de lhe tirar o gosto por tudo o que apreciava.

Augusto César remexeu-se no pequeno berço, e Rebeca acarinhou-o para que voltasse a dormir. Quanto a Augustus, certamente dormiria até o meio-dia ou mais. "Melhor assim", pensou.

Pela manhã, já de pé, Rebeca abraçou Teotônio, mas não conseguiu fazer o mesmo com Constanza. Viu a carroça partir, e lágrimas vieram a seus olhos.

Entrou, e a criada pôde ver a tristeza em seu rosto.

– Não fique assim, senhora. Tudo há de se resolver.

Rebeca não conseguia parar de chorar agora. As lágrimas vinham como que em um impulso incontrolável, e deixou-se levar pela tristeza que transbordava de sua alma e seu coração.

A criada deu-lhe uma bebida quente para que se acalmasse.

A certa altura, também pela manhã, Rebeca cuidava do pequeno Augusto, quando viu a mãe de Augustus entrar no aposento.

– Constanza já partiu?

– Sim, minha senhora. Papai tinha que acabar de colher a plantação para entregar a um comprador.

Rebeca disse a primeira coisa que lhe veio à mente.

– Ouvi mesmo o que sua mãe falou ontem? Espero não ter ouvido direito.

– O que foi que a fez desacreditar em seus ouvidos? Não me lembro de nada, a não ser o que seu filho falou. Aliás, acho que todos ouviram as barbaridades que saíram de sua boca – e retirou-se, como a mostrar impaciência sobre o assunto.

Rebeca agora tinha a certeza de que Augustus saberia o que havia se passado. Contudo, aquela era uma questão a ser discutida, e com quem ficaria a razão?

Por que os pais de Augustus também não haviam ido embora, assim como os seus? Esperava, como Augustus dissera, que só ficassem por dois ou três dias, mas, ainda assim, Rebeca viu que teria dias difíceis pela frente.

Augustus agora estava de pé e pedia algo para a criada que pudesse tirar-lhe a dor de cabeça e o mal-estar causados pelo excesso da bebida. A mãe dele disse que ela mesma faria uma bebida que melhoraria todos aqueles sintomas.

Rebeca não pôde deixar de escutar o que se passava e achou melhor que a própria mãe cuidasse dele. Não queria olhar para o marido nem falar com ele. Aliás, se pudesse, não queria mais estar casada com ele. Bom, pelo que se lembrava, nunca desejara isso.

Augustus sorvera a bebida que a mãe lhe fizera e perguntou sobre os pais de Rebeca. Esta sentiu o olhar da mãe de Augustus, mas ela mesma falou:

– Foram embora. Papai tinha que entregar algumas frutas a um comprador.

Augustus não entendeu direito o que Rebeca falava. Seria melhor que não tivesse nenhum resquício da noite passada para que pudesse entender qualquer coisa.

CAPÍTULO 20

Nos dias que se seguiram, Rebeca pouco ou nada falava com Augustus. Este também, por sua vez, saía cedo e, quando voltava, Rebeca ou se entregava a alguma atividade, como tecer ou bordar, ou até mesmo ler, fato que nunca fora um desagrado para ela – só não se mantinha sem fazer nada. Para Augustus, ficava claro que algo deveria ter acontecido. Lembrava-se vagamente de uma discussão, mas com quem?

Rebeca entregara o cuidado com a comida à criada. Evitaria ao máximo o contato com Augustus.

Constanza também não se esquecera do ocorrido. Neste caso, Teotônio é quem evitava falar com ela. Constanza sabia que agira por impulso e que aquele ato poderia ter graves consequências a todos. Teotônio ia da lavoura para casa, mas agia como se Constanza não estivesse lá.

A mulher não suportava mais vê-lo agir assim, mas concordava que exagerara e dava-lhe razão para tal comportamento.

Certo dia, Augustus, não se contendo mais diante da indiferença de Rebeca, perguntou-lhe:

– Que fiz eu para que te afastes de mim desse jeito?

Rebeca então o olhou e respondeu:

– Não te lembras de nada?

– Lembro-me de uma discussão, mas a bebida havia tomado conta de mim e já não respondia por meus atos.

Rebeca pôde ver que a mãe de Augustus não lhe falara nada. Por quê? Talvez tivesse mais consciência do que falava o próprio Augustus.

– A bebida fez com que não agisse corretamente com minha mãe, e esta se magoou e foi embora.

– Preciso que me digas o que aconteceu. Irei até Constanza e pedirei perdão. Só não quero que fiques longe de mim.

Rebeca talvez conseguisse, agora, consertar o que de fato houvera, e quem sabe começariam uma nova fase, sem o medo de que seus pais fossem entregues às leis de Roma.

– Falaste como se minha mãe não fosse nada para ti. Tu e teus deuses ou Roma, nada mais importa. Falas como quem é o dono da razão. Acaso eu te pergunto se teus deuses nunca deixaram de fazer algo para ti? Sempre tiveste tudo o que pediste?

Augustus começou a se lembrar um pouco da conversa.

– Sim, agora me lembro. Tua mãe também questionou sobre isso, se bem me recordo.

Rebeca viu que ela própria instigara Augustus a se lembrar do ocorrido.

– Tua mãe perguntou algo também.

– Não importa, Augustus. Trataste ela como que a um cão, ou como se fosse teus soldados.

Tudo para Augustus ainda era confuso, e ele disse que, assim que pudesse, iria até ela e se desculparia.

Rebeca achou melhor não falar mais nada e concordou com a cabeça.

À noite, em seu leito, Augustus tentou se aproximar de Rebeca, que fingiu estar dormindo.

Pela manhã, Augustus disse que ficaria fora uns três dias, e Rebeca sentiu alívio. Desde que fora morar no centro, convivia com ele dia após dia, o que não era errado para um casal, mas se acostumara a ter a liberdade que tanto apreciava – andar pelos campos e entregar-se a si mesma.

Augustus deu-lhe um beijo na testa, segurou o pequeno Augusto por algum tempo e partiu.

Rebeca sentia-se mal com essa situação. Queria que ela e Augustus se entendessem, mas via que a cada dia tudo se tornava ainda mais difícil. Pensou que talvez pudesse cavalgar um pouco para fora dos arredores de Roma. Precisava sentir cheiro de mato e ver os campos. E se fosse até sua casa com a criada? Sim, veria o que poderia fazer.

Seus planos, porém, não deram certo. À tarde, o pequeno Augustus estava febril, fato que nunca havia ocorrido. Rebeca então, aflita, perguntou à criada o que deveria estar acontecendo, já que ela tinha um filho mais velho e deveria ter mais experiência que ela.

– É normal que as crianças fiquem assim algumas vezes, senhora. Talvez tenha estado exposto ao tempo, o que é comum acontecer com crianças. Vamos dar-lhe um banho e farei compressas para abaixar a temperatura.

Rebeca e a criada fizeram isso, mas pouco ou nada adiantou. Ao ver o filho prostrado com a alta temperatura, Rebeca ficava ainda mais aflita. Perguntou à criada se conhecia algum doutor em farmácia, e a criada disse que conhecia de ter ouvido falar, mas que ele morava mais ao centro. Rebeca então pediu que o fosse chamar.

– Diga-lhe que é para o filho de Augustus – e a criada foi o mais rápido que pôde.

Rebeca entregou-se à oração. Agora não importava mais quem fosse lhe atender. Só queria que seu filho ficasse bem.

Do Alto, espíritos amigos ajudavam a criada a encontrar mais facilmente o doutor, que viria o quanto antes atender ao chamado.

Rebeca, aflita, depois de algum tempo viu a criada entrar com um senhor de meia-idade. O senhor examinou Augusto e deu um preparado para que Rebeca medicasse a criança. Disse que a garganta estava prestes a fechar com o pus que a cobria. Rebeca assustou-se, mas o médico falou que logo o menino ficaria melhor. E a angustiada mãe viu que, assim que o sol começou a raiar, Augusto praticamente não tinha mais febre.

Banhado em suor, Rebeca e a criada removeram a roupa do pequeno e deram-lhe um pouco do líquido, que ele tomou, logo voltando a dormir. Rebeca então disse à criada que fosse descansar. Augustus não estava, e ela não precisaria se preocupar em fazer algo para eles comerem. A própria Rebeca, quando quisesse, faria algo para si.

A criada agradeceu e foi se recolher. Rebeca, por sua vez, deitou-se ao lado do filho e dormiu um pouco, para se refazer da noite de vigília. Acordou sentindo uma mãozinha em seu rosto, como que a brincar. Augusto balbuciava alguma coisa, e Rebeca beijou o filho e agradeceu a melhora dele.

Augusto devia estar com fome, o que de fato pôde comprovar. Estava sem febre também. Seria preciso dar outra dose do preparado dali a algumas horas, durante alguns dias, e Rebeca avaliou o pequeno frasco entregue a ela. O que seria aquilo?

Augusto tomou o caldo que Rebeca havia oferecido e parecia querer mais.

Rebeca deu-lhe mais um pouco, até que se sentisse satisfeito.

A criada começou a cozinhar algo para Rebeca, que agradeceu tê-la por companhia.

Espíritos amigos acompanhavam a melhora do pequeno Augusto e intuíam a criada a sempre ajudar Rebeca. Em vidas passadas, a criada fora uma pessoa que agira contrariamente e prejudicara Rebeca, prontificando-se assim a ajudá-la na atual existência, para reparar o mal que antes havia causado. Não era por acaso que a criada se encontrava a trabalhar na casa de Augustus. Chegara a hora de assumir seu compromisso e mostrar seu comprometimento em ajudar Rebeca.

Do Alto, espíritos amigos ficavam felizes em ver que tudo estava saindo conforme havia sido combinado e mandavam energias positivas para que ambas pudessem resgatar o que antes não fora possível.

Rebeca pensou no quanto fora providencial Augustus ter arrumado aquela criada. Agradecia o carinho com que a via cuidar de seu filho e por vezes sentia como se já a houvesse conhecido antes. Quem sabe em uma outra vida, como diziam os egípcios.

Augustus deveria estar de volta em dois dias, fato que ocorreu realmente.

Rebeca, talvez fragilizada com a doença de Augusto, abraçou-o assim que o viu, e Augustus ficou feliz em vê-la demonstrar um sentimento que acreditava não existir mais.

Rebeca passou a contar o que ocorrera, e Augustus ficou preocupado, mas ela o tranquilizou, dizendo que Augusto já estava bem. Augustus, por sua vez, disse que estava feliz em poder voltar para casa. Nada como estar com os seus, em vez de ficar com os soldados.

Rebeca, pela primeira vez em muito tempo, sentiu alívio em que Augustus estivesse de volta.

À noite, em seu leito, Augustus tinha em seus braços a mulher com quem havia se casado, ou pelo menos a Rebeca de antes, e não a dos últimos tempos.

Rebeca entregou-se ao aconchego dos braços de Augustus e procurou esquecer por algum tempo qualquer preocupação que viesse lhe tirar a tranquilidade do momento.

CAPÍTULO 21

Augustus estava feliz. Acordara bem-disposto e parecia-lhe que iniciava uma nova vida com Rebeca. Ela fora carinhosa a noite passada, algo que se tornara difícil durante os últimos tempos. Tê-la nos braços novamente dera-lhe entusiasmo, e viu que sua união com ela ainda poderia voltar a ser como antes.

Augustus nunca fora dado a mulheres; embora muitas se oferecessem, nunca quisera nem procurara algo que não se encontrasse em seu casamento. Amava Rebeca e não via motivos para fazê-lo.

Rebeca dava o alimento a Augusto, notando que a febre não voltara. Augusto alimentava-se bem, e a criada falou a Rebeca:

— Fico feliz que o pequeno Augusto tenha se curado da enfermidade.

— Verdade, minha amiga. Posso chamar-te assim, não?

— Quem sou eu para dizer-te o que podes ou não, senhora. Estou aqui para te ajudar e cabe a mim zelar pelo teu conforto e no que for preciso.

Rebeca sabia que podia contar com a criada. Não sabia explicar, mas sentia muita confiança nela.

Augustus dirigiu-se a Rebeca e pediu:

– Deixe-me segurar este mocinho. Vou mostrar-lhe meu cavalo. Um dia irás montar igual a teu pai. Eu te ensinarei tudo o quanto possa.

Rebeca ouvia as palavras de Augustus e esperava que o filho só não conduzisse os homens à morte, como Augustus fazia nos últimos tempos. Pensava em como o marido conseguia ver aquelas cenas de horror e continuar o mesmo. O cheiro de sangue que se espalhava deveria dar náuseas.

Viu Augustus indo lá para fora com seu filho e tratou de verificar se estava frio. Não estava. O tempo ainda tinha resquícios do outono, e o frio ainda não chegara.

Augusto agora passava a mãozinha pelo cavalo, como que a acarinhá-lo, enquanto Augustus dizia-lhe como deveria cuidar dele.

Rebeca sabia que o diálogo que se travava era entre Augustus e ele mesmo. O pequeno não entendia uma só palavra, e Rebeca compreendeu que o que realmente importava era o sentimento de pai para filho.

Ao entrar com o filho, Augustus deixou-o com a criada e voltou-se para Rebeca:

– Minha querida, haverá uma festa na qual gostaria que estivesses comigo.

Rebeca nunca fora a festas em Roma e perguntou:

– Do que se trata? Nunca fui a nenhuma. Não achas melhor ires sozinho?

– De forma alguma. Quero que me acompanhes. És minha mulher, não? Quero te apresentar a todos quanto possa.

Rebeca estremeceu. Mais uma vez sua intuição dizia-lhe algo para o qual não tinha explicação.

Como não tinha trajes adequados, Augustus disse que os fosse comprar. A festa seria em sete dias, e Rebeca viu que ainda teria tempo para providenciar o que precisava. Soube que a ocasião se daria em virtude da chegada de um governante, e haveria muita comida e muito vinho, além de danças e música.

Rebeca mostrou-se apreensiva, mas tentou não passar o que sentia, visto que não queria estragar a noite passada. Seria melhor conservar a paz em sua casa e o bom humor de Augustus.

— Está bem, meu querido. Como queiras. Espero estar à altura dos convidados da festa.

— Serás a mais linda, disso não tenho dúvida. Terei orgulho em apresentar-te aos meus superiores.

Augustus então se despediu, mas disse que chegaria mais cedo para o jantar.

Rebeca acreditava que Augustus desejaria agora ter com ela todas as noites, visto sua disposição na noite passada. Seria melhor que ele estivesse feliz. Até o momento, não falara mais em Constanza nem sobre a noite em que bebera. Esperava que tudo fosse esquecido, pelo menos por Augustus, já que seria impossível sua mãe esquecer algo.

Teotônio mudara seu comportamento desde aquele triste episódio. Tornara-se calado e havia uma tristeza em seu rosto que Constanza, desde que se casara com ele, nunca vira. Certo dia, virou-se para ele e perguntou:

— Que tens, meu caro? Andas calado e quase não conversas mais comigo. Que te fiz eu para merecer tanto desprezo?

Teotônio virou-se para ela e disse com toda a amargura que lhe vinha à alma:

— Não reconheço em ti a mulher com quem me casei. Não pelo fato de ser dona do lar ou com os afazeres domésticos, mas pela conduta com tudo o que se refere a tua fé. Acredito que o próprio Cristo não concordaria com tal atitude. Falas dos que cultuam os deuses e de sua crença ou idolatria, mas tu pouco diferes deles. Pelo que sei ou escuto, em todos estes anos em que divido meus dias contigo, quando oramos ou lemos as escrituras, sabemos que o Cristo falava de amor, de caridade, e não de uma fé cega, que não tolera ou que acusa. Ele é claro quando diz para que amemos uns aos outros sem distinção. Este foi seu exemplo.

Constanza percebia nas palavras de Teotônio que ele tinha razão, mas não estava de todo certo. Não fazia isso com o intuito de se valer, achando-se melhor que ninguém, mas sim pelo fato de não aceitar que houvesse outra fé senão a do Cristo. Como os homens podiam ofertar coisas aos deuses e negar um único Deus, aquele que viera salvar a humanidade? Não se conformava com isso, e sua indignação a tornava cega a ponto de muitas vezes se perder e deixar-se levar pela cólera, o que lhe tirava a razão.

— Não posso dizer, meu esposo, que tudo que dizes não é verdade. Sei que me excedi quanto a Augustus, que já estava dominado pela bebida. Tentarei me esforçar para que isso não aconteça mais.

— Minha cara, acredito que Rebeca não haverá de nos convidar outra vez, pelo fato de que não quer que sua mãe ou eu sejamos jogados às feras. O amor por nós irá certamente preferir que não nos veja a assistir a uma cena terrível como esta. Eu, por minha parte, sofro em não poder desfrutar dos dias que me restam com meu neto. Gostaria de lhe ensinar algumas coisas enquanto ainda posso. É verdade que tenho outros netos, filhos de meus filhos, mas pouco ou quase nenhum contato tive com o de Rebeca.

— Meu querido, ainda terás muitos anos sobre a Terra. Tratarei de que Rebeca venha nos ver. Enviarei uma mensagem dizendo a ela e a Augustus que tragam nosso neto a fim de travarmos uma trégua e voltarmos a ser uma família unida.

Teotônio olhou para Constanza e disse:

– Faz o que achares que deves. Cansei de te dar conselhos a fim de dizer o que deves ou não fazer. Cansei simplesmente – e Teotônio retirou-se com a enxada.

Nos últimos tempos, mais que em qualquer outro, Teotônio preferia ficar só, cuidando da lavoura, do que estar com Constanza.

Constanza, por sua vez, também sentia-se só. Seus dois filhos seguiam a vida mais afastados dali e já não os via com tanta frequência. Se pudesse voltar no tempo, onde eles estavam sempre a pegar na barra de suas saias ou a pedir colo, voltaria e recomeçaria tudo. Mas tanto ela quanto Teotônio estavam ficando velhos, e as coisas já não eram como antes.

Escreveria uma mensagem para Rebeca convidando-a e a Augustus para virem visitá-los. Será que Augustus aceitaria? Esperava que a filha ficasse feliz com sua atitude.

Rebeca, por sua vez, não lembrava no momento daquela noite em que Constanza enfrentara Augustus. Tinha em seu pensamento qual traje vestiria na festa à qual o marido fazia questão de que fosse.

O que Rebeca não sabia era que sua vida mudaria mais uma vez a partir de então.

CAPÍTULO 22

Rebeca ouvira Augustus dizer que o próprio imperador estaria na festa que seria realizada. Governantes e a alta cúpula de Roma estariam presentes. Certamente seria uma ocasião importante, pelo menos para Rebeca, já que nunca havia ido a uma festa como esta.

A criada novamente ajudou-a a confeccionar o traje que iria usar. Da primeira vez, ficara com Augusto, mas agora pediu a Rebeca que ajustasse melhor o traje, orientando como ela deveria costurar, já que, assim como Rebeca, aprendera o ofício. Rebeca queria estar bonita e que Augustus se orgulhasse dela.

Augustus chegara e trouxera-lhe um presente. Rebeca comentou que não era seu aniversário, mas agradeceu e pôde ver que era um colar com uma pedra ao centro, muito bonito.

– Quero que uses na festa!

– É muito bonito. Nunca tive nada igual.

Rebeca percebeu que Augustus por certo deveria estar com posses para comprar algo assim. Não imaginava que o marido possuísse posição tão favorecida. Poderia até apreciar mais, se soubesse que aquele objeto não fora comprado à custa de muitas vidas para saciar os desejos de Roma.

– Usarei com certeza – disse Rebeca, e guardou-o.

Augustus avisou que ficaria em casa para cuidar dos cavalos e somente no dia seguinte sairia, já para a festa.

Rebeca começara a se acostumar com a presença de Augustus por perto. Não podia mudar isso.

No meio da tarde, Augustus avistou um mensageiro. Este, chegando mais perto, entregou-lhe a mensagem de Constanza. Augustus abriu o envelope e veio dizer a Rebeca do que se tratava.

Rebeca ia repreender Augustus por ter aberto uma correspondência sua, mas preferiu calar-se a arrumar uma discórdia, visto que tudo estava em paz.

– É de Constanza. Convida-nos a ficar uns dias em sua casa, já que não pôde permanecer por aqui depois do aniversário de Augusto.

– Vês como implicas com mamãe à toa? Não te digo que ela quer bem a todos nós?

– Nunca impliquei com ela, somente me parece ter restrições ao que cultuamos. Mas vamos esquecer e, quem sabe, iremos até lá dois ou três dias para selarmos a paz.

Augustus falava isso, mas em sua memória tinha a noite do aniversário de Augusto. Não sabia bem o que acontecera, mas algo o incomodava.

Rebeca não podia dizer que não ficara aliviada com a mensagem da mãe. Ao certo, Constanza revira o que fizera e tentava melhorar a relação entre eles.

Augustus entregou a mensagem para Rebeca e foi cuidar dos cavalos. Rebeca, agora com a mensagem em suas mãos, pôde ver as palavras da mãe e perguntou-se por que havia aquela animosidade entre elas. Eram mãe e filha, mas havia algo entre as duas que não sabia explicar. Sentia que ela causava repulsa à mãe de alguma maneira, como se ela a odiasse e ao mesmo tempo a quisesse por perto a fim de saber seus passos e escolher-lhe o melhor caminho, como uma mãe deve fazer.

Rebeca sentiu a pequena mão de Augusto, que lhe exigia a atenção. Isso a forçou a pensar em outra coisa.

Rebeca agora arrumava seus cabelos com a ajuda da criada, colocando depois o colar em si. Constatou que estava bonita, e a criada, agora sua amiga, disse que o senhor Augustus certamente ficaria contente em vê-la assim.

Augustus já estava pronto para a festa e entrou no quarto a fim de pedir a Rebeca que se aprontasse com rapidez. Qual não foi sua surpresa ao deparar com Rebeca esperando-o pronta.

– Estás uma rainha, meu amor!

Rebeca corou, o que há muito não acontecia.

– Fiz o que pude para que te orgulhes de mim.

– Ficarei vigiando-te para que saibam que és minha, caso algum galanteador queira te envolver com suas palavras.

– Meu caro, sabes que não sou de mais ninguém – e Rebeca, por um curto espaço de tempo, lembrou-se de Otaviano. Será que ele a teria achado bonita?

Saindo de seus devaneios, deixou recomendações à criada e beijou Augusto, que se preparava para dormir.

Augustus e Rebeca entraram na liteira e foram à festa.

Rebeca pouco saía nos últimos tempos, mas viu que havia uma agitação diferente. Tochas estavam acesas, e homens e mulheres iam e vinham. A liteira parou, e Augustus deu a mão a Rebeca para que saísse.

O casal agora entrava no salão, que se encontrava enfeitado. Solano, amigo de Augustus, veio cumprimentá-lo, e este o abraçou. Augustus também apresentou-lhe Rebeca, que recebeu seus cumprimentos. Solano havia trazido a esposa, Marta, que, após ser apresentada, convidou Rebeca a se juntar ao grupo de senhoras, enquanto Solano levava Augustus para beber uma taça de vinho.

Rebeca notou que as mulheres tinham nos cabelos enfeites como nunca vira, mas não teve dúvida de que estava à altura dos convidados.

O imperador chegara, e todos fizeram uma reverência. Agora sim podia-se dizer que a festa começara. Dançarinos apresentavam-se e havia muita comida e bebida por toda parte.

Augustus procurou Rebeca, e esta ficou aliviada por ele lhe tirar da roda de conversa em que se encontrava. Por certo nunca ouvira um diálogo tão medíocre como o daquelas senhoras. Nada ou quase nada podia se aproveitar do que ouvira. Sentia saudades das conversas com Amarílis; se pudesse por um minuto abraçá-la... Mas Augustus tirou-lhe dos pensamentos em que se encontrava.

— Vem, vamos dar uma volta pelo salão. Quero te apresentar mais alguns patrícios.

Rebeca pediu licença ao grupo de senhoras, que já quase nem percebiam mais sua presença, pois haviam voltado a falar dos assuntos que lhes interessavam.

Augustus conduziu Rebeca com o braço entrelaçado ao seu, parando em um grupo que conversava logo mais adiante. Ao deparar com esse grupo, Rebeca estremeceu. Pôde ver Otaviano a olhar para ela e, meio incrédulo também, cumprimentá-la de modo respeitoso.

Não podia ser. Há pouco mais de alguns minutos pensara nele, e agora tinha-o à sua frente.

Augustus apresentou-lhe também outros patrícios, que fizeram questão de elogiar seus feitos. Rebeca não sabia se agradecia ou se fugia dali. Otaviano pôde ver em seus olhos a natureza de seus pensamentos.

Augustus servia-se de mais uma taça de vinho e ofereceu-o a Rebeca também, que recusou. Alguém precisava ficar sóbrio até o final daquela noite.

Notou que Augustus já não conseguia raciocinar mais como quando chegara à festa e pensou em pedir-lhe para ir embora, mas sabia que ele não faria isso. Sentia o olhar de Otaviano em si, mas temeu corresponder e ter de se explicar com Augustus, embora achasse que ele não seria capaz de ver algo a um palmo do nariz, pois a bebida começava a dominá-lo.

Otaviano aproximou-se de Rebeca, que agora não via como poderia sair dali.

– Vejo que nossos destinos se cruzaram novamente.

Otaviano sentiu o olhar de Rebeca como que a dizer que não falasse alto para que ninguém pudesse ouvi-los.

– Fica tranquila. Ninguém está a nos escutar. A bebida ensurdece e impede que ouçam e vejam qualquer coisa além da taça que têm nas mãos.

Rebeca respondeu:

– É verdade, meu senhor; não imaginava ver-te aqui.

Otaviano pensou que, se pudesse, tiraria Rebeca dali para um lugar onde fosse possível ficar a sós com ela e onde seu coração fosse capaz de trazê-la para mais perto de si, porém teve de se controlar.

– Esta é a primeira festa em que te vejo.

– É verdade. Nunca havia estado em nenhuma outra, e vejo que Augustus por certo também não deveria estar, visto seu estado de embriaguez. Terei que pedir ajuda para colocá-lo na liteira.

Rebeca ponderou que não poderiam demorar a ir embora.

– Espero ver-te outras vezes.

– Não sei se isso será possível – falou Rebeca, embora seu coração dissesse o contrário.

Rebeca chamou Augustus, mas o esposo não a atendeu. Otaviano se dispôs a ajudá-la, e constatou que teria de aceitar.

– Acredito que ele não conseguirá te ouvir.

– É verdade – concordou Rebeca. – Aceito a ajuda de levá-lo até a liteira.

Em pouco tempo, Rebeca pôde ver que Augustus se deixara mais uma vez dominar pela bebida, assim como no aniversário de Augusto.

Com muito cuidado, e com Augustus a questionar por que estavam indo embora, Otaviano e Rebeca conseguiram levá-lo para longe dali.

Otaviano tinha o dom da palavra e convenceu Augustus de que seria melhor para ele descansar, fato que aceitou, embora não soubesse o que de fato estava acontecendo.

CAPÍTULO 23

Augustus, agora dentro da liteira, dormia pesadamente. Rebeca agradeceu mais uma vez a ajuda de Otaviano, que disse não ter ela nada a agradecer. Jamais Rebeca imaginara estar tão perto daquele homem, assim como ele também tampouco o imaginara.

A liteira agora era carregada pelos escravos, e Rebeca viu Otaviano se distanciar. Será que o veria de novo? Talvez. O fato é que ele sempre estivera mais próximo a ela do que supunha.

Ao chegar, a criada ouviu o barulho e ajudou Rebeca com Augustus. Seria impossível trocar-lhe as vestes; não teria forças para isso. Deixaram-no dormir do modo como estava.

Por sorte, o pequeno Augusto não acordou. Rebeca sabia que, de sua parte, não iria conseguir dormir. A criada perguntou se precisava de algo, e Rebeca disse que poderia se recolher. Queria ficar a sós com seus pensamentos.

A imagem de Otaviano vinha-lhe à mente, e pôde reparar melhor em seus traços. Tinha uma beleza máscula, mas não se importava com isso. A expressão de seus olhos era o que lhe chamava a atenção.

O que seria dela agora? E se o visse outras vezes? Acreditava que o melhor era não ir a outras festas. E se Augustus insistisse em sua presença? Diria que fosse sozinho e que não queria mais se envergonhar com sua bebedeira. Sim, falaria isso.

Tirou a roupa e os enfeites. Colocou uma túnica simples e foi até a varanda. O céu estrelado permitia-lhe sonhar.

Augustus remexeu-se e falou seu nome, mas Rebeca notou que ele somente ressonava, estando longe de pronunciar algo com lucidez.

Otaviano permaneceu por mais algum tempo na festa, mas retirou-se praticamente logo após Rebeca partir. A festa, que já não lhe dizia nada, agora parecia ainda mais sem sentido. A bebida tomava conta de todos, e seria melhor que se retirasse ou teria de ajudar mais alguns patrícios a voltarem para casa.

Otaviano não era de beber. Apreciava a bebida, mas tinha moderação com o copo. Preferia manter-se sóbrio a perder o controle de si. Hoje agradecia aos deuses por ter sido assim, caso contrário não poderia reconhecer Rebeca entre tantas mulheres que estavam ali.

Ele estava hospedado em uma casa de banho, que também hospedava os que se encaminhavam para Roma. Já em seus aposentos, ouviu alguns patrícios que, como ele, também chegavam para descansar. Despiu-se de suas vestes pensando no que acontecera. Via o rosto de Rebeca à sua frente. Não sabia o porquê, mas, desde a primeira vez em que a vira, encantara-se por ela. Não tinham precisado trocar muitas palavras; apenas sentia que seu coração e seu pensamento faziam parte dela.

Voltaria para a Gália em três dias. Permaneceria somente mais alguns dias, para que os documentos que trouxera fossem examinados pelo imperador.

Otaviano pensou se a veria de novo. Pôde ver que não frequentava muitas festas, senão já a teria visto. Dissera que mudara há pouco tempo , mas com certeza não saía muito de casa nem frequentava as casas de banho. Não, isso não era de seu comportamento.

Aos poucos, a pouca bebida que tomara o fez ir perdendo os sentidos; adormeceu. Sonhou que cavalgava e Rebeca acenava-lhe. Parecia ser no campo, onde a encontrara pela primeira vez. Estendia-lhe a mão, e Rebeca montava em seu cavalo e cavalgava como que a procurar seu destino.

Rebeca também adormecera, e seus espíritos realmente estavam unidos no sonho. Reencontravam-se sempre que podiam, mas chegara a hora de se despedir novamente.

Rebeca acordou com o choro de Augusto a pedir-lhe o alimento, mas viu que a criada já fornecia o que ele solicitara e agradeceu por poder permanecer mais um pouco em seu leito. Tivera muita sorte em tê-la ali. Via que gostava de seu filho, e isso para ela era de extrema importância. Talvez tivesse ele como o filho que estava longe de si; ao pensar nisso, entristeceu-se por ela. Pediria a Augustus que lhe trouxesse o filho. Talvez pudessem brincar juntos, embora soubesse que ele era mais velho que Augusto; mas Rebeca colocava-se no lugar da criada e não se imaginava longe do filho. Sim, falaria com Augustus assim que ele estivesse em condições de entender alguma coisa.

Augustus agora levantava-se, e o efeito da bebida o fez esbravejar diante dos estragos causados em seu corpo.

Rebeca providenciou ela mesma algo amargo e deu-lhe de beber, para que ajudasse a neutralizar o efeito do vinho. Como da outra vez, assim que se sentiu melhor, Augustus falou que não voltaria mais a beber ou pelo menos não tomaria a quantidade que lhe deixava impossibilitado de fazer qualquer coisa. Perguntou como Rebeca o trouxera, visto que mais uma vez não se lembrava de nada.

Rebeca contou que tinham sido os escravos que conduziam a liteira a ajudarem-na a carregá-lo, e Augustus constatou que exagerara de fato. Disse que ficaria em casa e só no dia seguinte sairia para uma reunião.

Rebeca pôde ver que seu estado era realmente lastimável; ele não tinha condições de se manter em pé ainda.

Os dias passavam, e a lembrança de Otaviano era algo que Rebeca não conseguia apagar.

Augustus já se recuperara, mas até quando? As reuniões muitas vezes acabavam regadas a vinho, e esperava que Augustus não fizesse disso uma rotina em sua vida.

Otaviano partira, e desta vez não sabia quando retornaria. Rebeca, contudo, não sabia que Otaviano regressara e muitas vezes, estando na sacada, avistava homens a cavalo e pensava se não poderiam ser ele. Os dias passavam, porém, e nem sinal de sua pessoa. Seria melhor assim, não vê-lo mais.

Rebeca então pensou no convite feito pela mãe. Esperava que Augustus não fosse, assim aproveitaria para estar com os seus sem a presença de uma ameaça a rondar o que seria dito por Constanza.

Aproveitou a ocasião quando viu Augustus a brincar com o filho, dizendo que gostaria de visitar seus pais. O esposo falou que realmente não poderia se ausentar, e que fossem ela e o pequeno Augusto. Levaria-os ou pediria à criada que fosse junto com eles, para não irem sós.

Rebeca achava melhor ter a companhia da criada do que a do marido, mas disse-lhe apenas que não se preocupasse e que partiria no dia seguinte com a criada. Aproveitou a oportunidade também para pedir-lhe que o filho de sua criada viesse morar com eles. Augustus respondeu que, se ela não se importasse, que o trouxesse para morar ali.

Rebeca agradeceu e deu-lhe um beijo no rosto, surpreendendo Augustus com seu gesto. Há muito não via Rebeca expor seus sentimentos para com ele. Gostaria que o fizesse mais vezes.

Rebeca contou à criada que passaria uns dias com os pais e que a levaria junto, mas que na volta poderia trazer seu filho para morar com ela, ao que a criada ajoelhou-se a seus pés, agradecendo, e Rebeca pediu que se levantasse. Não era ninguém para que se ajoelhassem diante dela. Era simplesmente mãe e sabia que não suportaria viver longe de Augusto.

CAPÍTULO 24

Estando tudo arrumado, partiram logo cedo Rebeca, o pequeno Augusto e a criada.

O caminho era longo, mas ao final do dia chegariam. Seria bom apreciar a paisagem. Há tempos Rebeca não fazia isso. Ver os campos era algo que a deixava feliz.

No meio do caminho, pararam para comer algo, e Rebeca permitiu que Augusto andasse um pouco e brincasse. Era ela quem conduzia a pequena carroça, enquanto a criada ficava com Augusto no colo.

Rebeca esperava encontrar esta mesma paz nos dias em que estivesse com Constanza.

O dia estava bonito e puderam ver homens conduzindo pastos de bois e outros animais. Augusto dava gritos de felicidade, e Rebeca e a criada riram da inocência e da sinceridade do pequeno.

Percorrido mais um pouco do caminho, Rebeca pôde avistar a casa dos pais. Como era bom poder voltar, aliás, não deveria nunca ter saído dali, não sem vontade própria.

Teotônio veio abraçar a querida filha, e Constanza segurava o neto. Pouco pudera fazer isso em seu aniversário; agora tentava recuperar o tempo perdido. Também abraçou Rebeca e a beijou. Rebeca sabia que a mãe estava arrependida, mas não expressou demais seus sentimentos, para que ela notasse bem o que havia feito. Pediu à criada, então, que levasse os pertences para seu antigo quarto, enquanto perguntava:

– Posso, mamãe?

– É claro que sim, Rebeca. O quarto sempre será teu. Teu irmão, depois que mudou, também deixou-o vago, embora só o houvesse usado para o teu sobrinho.

A criada levou o que precisava, e Rebeca disse que tinha de dar de comer ao pequeno Augusto. Constanza avisou que a ceia seria servida e chamou a criada para cear junto deles. Ela se sentiu constrangida, mas Rebeca falou-lhe que era para fazer exatamente isso. Ali todos eram iguais, e era assim que deveria ser por toda a Terra, completou Constanza.

Constanza queria perguntar por que Augustus não viera, mas preferiu que na hora oportuna Rebeca por si só falasse a respeito.

À noite, como há muito tempo não era feito, todos ceavam, mas antes Teotônio fez uma prece dando graças aos alimentos. A criada pôde perceber que seguiam o Cristo, e Rebeca olhou-a, mas não falou nada.

Antes de dormir, Rebeca achou melhor entrar na questão, mas a criada disse-lhe que também havia sido criada assim, e Rebeca tranquilizou-se. Não sabia qual seria a reação dela quando soubesse. Poderia ser uma traidora, mas não! A criada agora dava mostras suficientes de ser de confiança, e Rebeca pediu que mantivesse sigilo quanto a esse assunto e principalmente para com Augustus.

No dia seguinte, Rebeca contou à mãe que fazia tempo que não dormia tão bem. Augusto também logo adormecera. Estava cansado da viagem e não estranhou a falta de sua pequena cama.

A criada já estava de pé a ajudar Constanza, que lhe dizia que não precisava. Rebeca riu e falou que a mãe era assim mesmo, para não se incomodar. Perguntou a Constanza se havia visto Amarílis, e Constanza respondeu-lhe que nunca mais a vira pelos arredores. "Quem sabe", pensou Rebeca, "ao voltar para casa passo na casa de Amarílis para ver se está tudo bem".

Teotônio levara Augusto para mexer com a terra, como fazia com os filhos quando eram pequenos, mostrando as curiosidades de se viver no campo. Ele sentia saudades desses tempos. Fora feliz, não podia negar. Ter os filhos em volta das pernas a perguntar o porquê disto, o porquê daquilo, fazia-lhe ver a importância de passar os valores que um pai deve transmitir a seus filhos, aliado ao amor, que deve acompanhar cada ensinamento.

Rebeca deixou a criada e a mãe a discutir o que era para ser feito ou não e foi até o pai. Viu que Augusto estava sentado a fazer bolinhas de terra, e Teotônio o ajudava apertando suas mãozinhas, ensinando-o a moldar corretamente.

Seu pai não mudara em nada. Havia mais cabelos brancos em sua cabeça, é certo, e talvez estivesse mais arqueado do que antes. Os anos faziam isso mesmo com o corpo, mas sua alma era a mesma. Estava sempre pronto a ensinar e a dar carinho. Nunca, uma só vez pelo que podia lembrar, ouvira do pai uma repreensão que não tivesse a intenção de corrigir, e ainda assim com amor nas palavras. Amava-o e agradeceria sempre por ser sua filha.

– Posso ver que Augusto está gostando, não é mesmo, papai?

Teotônio pensou em se levantar, mas Rebeca colocou a mão em seu ombro e sentou-se na terra junto deles. O velho senhor disse que tiraria o dia de folga. Já trabalhara muito, e a terra não iria se importar se não semeasse naquele dia. Rebeca respondeu que aquelas terras com certeza podiam sentir o amor das mãos do pai, e os olhos de Teotônio encheram-se de lágrimas.

Rebeca sentiu apenas que o pai estava mais triste que antes. Perguntou o que estava acontecendo, e Teotônio disse:

– Minha filha, sabes agora bem o que é estar casada. Tenho lutado dia após dia para que tua mãe domine seu jeito de ser e não nos leve às arenas. Mas não sei até quando poderei fazer isso. É verdade que já não vejo tanta perseguição, mas até quando poderemos confiar que estes dias não voltem? Quando nossa voz poderá se revelar a fim de sabermos em quem poderemos confiar ou não?

– Acredito que estejas realmente cansado, papai. Eu mesma já me sinto assim, no pouco tempo de convivência com o modo de ser de minha mãe. Falarei com ela a esse respeito se quiseres, papai.

– Não. Acho que não deves. A cabeça de tua mãe é mais dura que um tronco quando este não quer aceitar o machado.

– Quem sabe o tempo não a fará ver que não importa qual é a crença que existe em nós. Que tanto faz ofertar aos deuses ou a qualquer outro deus, pois o que vale é o que temos em nós.

– Ah, seria bom, minha filha, que Constanza pensasse assim. Teria muitos mais anos de vida eu.

– Papai, ainda viverás muito. Não fale assim!

– Espero que sim, Rebeca, mas o fato é que estou cansado!

Rebeca pôde sentir tristeza em cada uma das palavras do pai. Falaria com sua mãe. Ela teria de poupá-lo.

Augusto agora pedia colo, e Rebeca resolveu levá-lo para dentro. Constatou que pouco ou quase nada havia mudado na situação entre Constanza e a criada. Rebeca então deixou que a coitada saísse. Seus ouvidos por certo haveriam de querer um pouco da paz do campo. Pediu que ela fosse ficar lá fora. Constanza, por sua vez, viu o olhar de Rebeca e perguntou:

– Estás a me censurar, como teu pai faz?

– Não, mamãe. És tu que te censuras. Da minha boca não partiu uma única palavra – e Constanza ponderou que Rebeca tinha razão. Ela então perguntou:

– Ainda não esqueceste o que houve em tua casa?

– Ainda não, mamãe, e acho que nunca esquecerei. Não pelo fato do que foi dito, mas pelas consequências que as palavras, não fosse o vinho que Augustus havia tomado, poderiam ter. Será que não vês que lutas contra algo que está longe de ser a verdade? Que em Roma são os deuses que mandam? Mamãe, já te disse que seria melhor tomares conta do que sai de tua boca. Não quero ver-te jogada aos leões, nem papai, nem mesmo a mim, já que sou tua filha.

Constanza, pela primeira vez, pensou seriamente no que Rebeca dizia. Olhou para seu neto e o segurou, e lágrimas rolavam por seu rosto ao dizer:

– Não quero isto para mim nem para nenhum de vocês – e abraçou Augusto.

Rebeca pôde ver sinceridade nas palavras da mãe e acreditou que enfim sua ação havia surtido efeito.

CAPÍTULO 25

Augustus, de volta a sua casa, a via vazia. Esperava que Rebeca não demorasse em casa de Constanza. Há tempos não gostava de ficar sozinho. Tudo lhe parecia não ter graça nem cor. Pegou uma caneca de vinho e começou a beber.

Aos poucos, Augustus entregava-se ao vício. Isso o fazia esquecer o que lhe doía na alma. Não tinha o amor de Rebeca como gostaria. Amava-a, mas nunca sentira o mesmo dela para com ele. Sabia que seus pais a haviam forçado a se casar cedo, mas, ao contrário dela, ele a amara desde que a vira pela primeira vez.

Rebeca, por sua vez, estava feliz em estar na casa dos pais, mas sabia que teria de voltar e disse isso a Teotônio:

– Papai, vou partir depois de amanhã; sinto não poder ficar mais. Espero que tua convivência com mamãe melhore. Sei que não é culpa tua se ela está como está. Mas peço que pelo menos tenhas a paciência que muitas vezes nos falta.

Reconheço também em mim que é difícil ignorar o que mamãe diz, mas é pelo bem de todos.

– Sei disso, minha filha. Eu, mais que ninguém, sei o quanto tem sido difícil mantê-la longe de todos para que suas palavras não nos levem a um triste fim.

Rebeca abraçou-o. Sabia que seu pai era consciente do que fazia e, por esta e tantas outras razões, amava-o muito.

Via Constanza a dar o alimento a Augusto e pensou: "Por que minha mãe não pode ser assim sempre, calma e doce?" Será que sempre fora assim? Não, achava que não. Então, o que a fizera mudar? Dizia que o Cristo era amor. Sendo assim, por que não seguia seus passos? Falava que todos precisavam segui-lo, mas por que ela mesma não fazia isso? Não entendia, nem sabia ao certo se entenderia.

Rebeca pensou em ir até Amarílis antes de voltar. Sim, passaria por lá.

No dia de sua partida, já com tudo pronto, abraçou os pais. Beijou cada um dos dois com um aperto no peito.

Teotônio segurava Augusto, e Constanza também sentia a partida dos seus.

– Voltarei assim que possível, mamãe!

– Rezarei por você e por Augusto, mas não prometo fazê-lo por Augustus. – Rebeca esperava que rezasse por ele também.

A criada já se encontrava na carroça, e Teotônio colocou Augusto no colo. Rebeca deu um último beijo no pai e partiu.

Depois de quase uma hora, voltou a ver sua antiga casa. Ah, como gostaria de voltar a morar lá! Mostrou-a a Augusto e à criada. Seguiu então rumo à casa de Amarílis.

Chegando lá, notou que tudo estava fechado; parecia não haver ninguém morando na casa. Viu um camponês com a enxada e perguntou se sabia de sua amiga. O rapaz contou que haviam se mudado para a casa dos pais do esposo de Amarílis, Lutero, há mais ou menos seis meses. Rebeca pensou que fora praticamente na mesma época em que havia ido para a capital.

Sentiu novamente um aperto no peito, e lágrimas teimaram em rolar por sua face. Infelizmente não poderia abraçar sua amiga nem conversar com ela como gostaria. Sabia que os pais de Lutero moravam mais ao sul e não teria condições de ir até lá.

Partiu para Roma. Era hora de voltar e encarar seu destino.

Depois de certo tempo de estrada, Rebeca e a criada pararam a fim de comer algo e descansar do balanço da carroça. Precisava dar água e de comer aos animais também.

Na chegada à capital, passou ainda para pegar o menino, filho de sua criada, que por certo não esperava ver a mãe.

A criada comentou que estava muito feliz em poder tê-lo consigo, e Rebeca disse que era o mínimo que poderia lhe fazer, visto sua dedicação e ajuda prestada nos últimos tempos.

Assim que viu a mãe, o menino de nove anos correu a abraçá-la. Rebeca agora não controlava as lágrimas, vendo a felicidade de ambos.

– Vim buscar-te – falou a criada. – Virás morar comigo agora.

– É certo, mamãe? – perguntou o menino.

– Sim. A senhora Rebeca permitiu que viesses morar comigo e com Augusto, este pequeno rapazinho – e Rebeca percebeu que seriam grandes amigos, apesar da diferença de idade.

Arrumados os pertences do querido filho, este despediu-se da avó, que ficou a imaginar sua vida sem ele, mas sabia que estar perto da mãe era o melhor para o pequeno.

Aquele certamente foi um dia de emoção para todos.

Augusto brincava agora com o novo amigo, e a criada olhou para Rebeca, que pôde ler seu pensamento.

– Sim, serão grandes amigos.

Enfim, Rebeca pôde avistar seu lar. As luzes estavam acesas, e Augustus por certo não esperava que chegassem àquela hora.

Assim que entrou, Rebeca notou que Augustus não estava. Aonde teria ido? Pediu que a criada fizesse algo para comerem.

Depois de tirar a bagagem da carroça, Rebeca foi olhar da sacada para ver se via algo, mas nem sinal do marido.

Durante a madrugada, ouviu um barulho e viu que Augustus entrava na casa. Ao vê-lo meio que cambaleando, pensou em como conseguira chegar.

O esposo, vendo que Rebeca havia chegado, foi abraçá-la, mas Rebeca virou o rosto devido ao hálito que saía de sua boca.

– Bebeste de novo, Augustus?

– Estava numa reunião e me ofereceram vinho. Não pude negar. Mas tomei pouco.

Rebeca ajudou-o a tirar suas vestes. Sabia que seria impossível conversar com ele naquele estado. Augustus queria ver o filho, e Rebeca pediu que falasse baixo para não acordá-lo. Então, ele se deixou deitar no leito e em pouco tempo roncava como um urso em sua caverna. Nunca vira um urso, mas escutara o pai certa vez falar a respeito ao ler uma história quando pequena.

Na manhã seguinte, Rebeca pôde ver que havia sangue na bainha da espada de Augustus. Pediu que a criada removesse com todo o cuidado aqueles vestígios e se perguntou quem teria perecido nela. Assim que Augustus estivesse em condições de conversar, perguntaria a ele, mas será que ele se lembraria de algo?

Entrou no quarto e viu Augustus a brincar com o filho em sua cama.

– Que bom que voltaram. Já estava sem saber o que seria de mim, caso não voltassem.

– Que dizes, Augustus? Como "não voltassem"? Andaste a beber muito, pelo que vejo.

Augustus retrucou:

– Bebo para esquecer que não posso ter o seu amor, minha cara.

Rebeca olhou para ele e falou:

— Estás a falar mentiras. Acaso não estou casada contigo? Este filho não é fruto de nosso amor?

Augustus achou melhor não continuar a conversa. Seria melhor que tanto ele quanto Rebeca se enganassem.

Rebeca também, por sua vez, achou melhor mudar de assunto.

— Fui visitar Amarílis antes de voltar e soube que havia mudado. Tens notícias dela?

— Não, minha querida. Desde que partimos, nunca mais voltei a nossa velha casa e não sei mais de nossos vizinhos.

— Pedi que a criada fosse limpar a bainha de tua espada, pois estava coberta com sangue. Não te lembras do porquê de estar assim?

— Não me recordo, mas não quero que faças isso novamente. Do que é meu, eu mesmo cuido. — Rebeca sentiu naquelas palavras o Augustus que por certo era o contrário do pai que brincava com seu filho.

— Não farei mais isto.

Augustus levantou-se e foi em direção à tina lavar-se. Em pouco tempo, montava em seu cavalo, e Rebeca não tinha ideia de em que condições voltaria.

Augusto se divertia com Tarso, filho da criada. O menino era só alegria, e ficou feliz em ver o recém-chegado brincar com seu filho.

Durante os dias em que estivera com os pais, Rebeca não pensara em Otaviano. Agora, ao ver a túnica e a tiara da festa, lembrou-se de seu olhar enquanto a liteira partia. Gostaria de vê-lo de novo e ao mesmo tempo temia que isso acontecesse; seria melhor tê-lo somente em seus pensamentos. Esperava que o destino a ajudasse a não precisar escolher o melhor para si.

CAPÍTULO 26

Os anos foram passando. Augusto completaria dez anos.

Rebeca olhava em torno de si, dando-se conta de que tudo pouco mudara, exceto Augusto, que se tornara um rapazinho. Agora com Tarso, ele aprendia a montar cavalos. Tarso, por sua vez, aprendera com Augustus, que se tornara um pai para ele. O jovem tinha idolatria pelo senhor que o acolhera em sua casa. Tarso completaria 21 anos; já era um homem.

Podia-se dizer que se tornara o braço direito de Augustus, ajudando-o a tomar conta dos cavalos e a servi-lo quando de sua chegada. Auxiliava-o a banhar-se e a tirar suas vestes pesadas de soldado. Isso não cabia mais a Rebeca, pelo que era grata.

Rebeca nunca mais vira Otaviano. Também não participava mais de festas. Preferia isolar-se a ter de enfrentar o olhar de Otaviano novamente.

De tempos em tempos, ia ver seus pais, que, com a idade, já não vinham visitá-la. Também considerava que fosse melhor assim em vista do que acontecera entre Augustus e Constanza.

A perseguição aos cristãos dera uma trégua e podia-se dizer que eram tempos de paz. "Melhor assim", pensou Rebeca. Pelo que ouvia, um novo imperador estava para assumir. Não sabia como seria seu governo. Augustus agora já não se encontrava mais em batalhas ou à caça de inocentes. Estava mais envolvido com as leis, embora nunca houvesse estudado para isso. Participava de reuniões e de conselhos. Todos gostavam de ouvi-lo, visto que tinha experiência. Ele, de sua parte, sentia-se feliz por isso, embora já houvesse contraído débitos que só por meio de existências futuras poderia saldar.

Havia feito muitos inimigos, tanto encarnados quanto agora desencarnados. Vários deles não se conformavam com o fim que haviam tido e tentavam de todas as maneiras comprometer os dias de Augustus. Por vezes, ele dizia a Rebeca que não se sentia bem, e ela, como boa esposa que era, e com a crença na vida após a morte, pensava nos que haviam perecido em suas mãos ou a mando delas. Também acreditava que o vinho ajudava a comprometer a saúde de Augustus, que tinha-o como companhia constante. Ele dizia que o vinho não o largaria, e que talvez não pudesse dizer o mesmo de Rebeca.

Rebeca ouvia-o e calava. Não adiantava conversar com Augustus quando ele não tinha consciência do que saía de sua boca. Será que não? Não podia dizer com toda a certeza que aquilo não era verdade.

Rebeca gostava de ficar na sacada da janela a contemplar os muros de Roma e pessoas que iam e vinham. Roma tornara-se ainda mais povoada e já não podia dizer que onde morava era um lugar tranquilo como antes.

Augusto havia entrado com Tarso e Rebeca pôde ouvi-los. Desceu para acompanhar o que falavam de perto.

– Vês, mamãe? Já estou um rapazinho e logo poderei enfrentar Tarso com a espada.

– Mas para que queres duelar com teu irmão?

A criada ouviu o que Rebeca dizia e se sentiu agradecida pela forma com que se dirigia a Tarso.

– Não quero duelar, mas quero que veja que já posso segurar uma espada, como vi papai e ele fazendo.

– Ah, sim. Agora entendo. Mas não precisas me mostrar. Vejo por tuas roupas que cresceste e que já és um homenzinho.

Tarso olhava o irmão e, com todo o carinho e amor por ele que os anos haviam trazido, disse:

– Senhora Rebeca, fique tranquila que não serei eu a duelar com Augusto. Morreria por ele se preciso fosse, mas não levantaria minha espada nem mesmo para brincar com ele.

Rebeca sabia serem sinceras suas palavras.

– Vamos, vamos, venham lavar-se, para que possam cear conosco.

Augustus também acabara de chegar e pôde ouvir o final do que havia sido dito.

– Fico feliz por considerar Augusto desta forma, querido Tarso – e Tarso veio abraçar Augustus. Este, por sua vez, ficava feliz com o carinho que lhe era devotado pelo rapaz, mas algo o incomodava na relação entre Tarso e seu filho.

Rebeca, de outra parte, reparava no olhar de Augusto, vendo nele o que acreditava ser ciúme, mas deveria ser coisa de criança.

À noite, Augustus sentava-se em sua cadeira, e Tarso e Augusto ficavam a seus pés ouvindo as histórias que contava.

Rebeca então lembrava-se do pai a contar para ela e os irmãos as histórias de sua terra.

Precisava ver o pai. Sentia um aperto no coração cada vez que se lembrava dele. Algo lhe dizia que não estava bem. Iria conversar com Augustus e lhe diria que pretendia ir até sua casa.

Em seu leito, Augustus já não procurava mais por Rebeca. Aprendera a se distrair com outras mulheres e ter o carinho que lhe faltava em casa, embora, com o tempo, já nem mesmo quisesse algo de quem quer que fosse.

Rebeca comentou:

– Meu querido, tenho a impressão de que algo não vai bem com papai. Sinto um aperto no peito cada vez que me lembro dele. Estou pensando em ir visitá-los de novo.

– Se for para tranquilizar teu coração, faz isso.

Augustus já não se importava como antes com o que Rebeca fazia ou não de sua vida. Aprendera a conviver com isso e deixava para o vinho o calor de quando queria uma companhia.

– Tu te importas caso eu parta o quanto antes?

– Estarei bem. Podes ir. Espero que Teotônio esteja bem e não tenhas razão quanto ao que sentes. Não gostaria de vê-lo sofrer.

Rebeca sabia ser verdade o que Augustus dizia, visto que sempre se entendera muito bem com seu pai.

– Está certo então. Partirei o quanto antes.

Desta vez, Rebeca iria só. Deixaria Augusto com a criada e Tarso, assim iria mais rápido e poderia voltar logo também. Falou com a criada, que lhe disse para ir tranquila, pois tudo ficaria bem. Rebeca sabia que podia contar com sua ajuda e avisou que partiria em um dia.

Levou algumas provisões e doces que havia feito para os pais. Queria poder abraçá-los e constatar que era somente sua intuição que estava errada e que tudo ia bem com os dois, como na vez passada, em que estivera lá com Augusto e Tarso.

O dia estava bonito e viu que faria uma boa viagem. Despediu-se fazendo todas as recomendações necessárias que uma mãe faria antes de se ausentar.

Há muito tempo Rebeca não viajava só.

Era bom poder sentir o vento nos cabelos e o ar puro das montanhas. O verde espalhava-se pelos campos e dava ao lugar um colorido diferente do que se habituara a ver em Roma.

Chegaria ao anoitecer. Parou para se alimentar e beber um pouco de água. Deu água também aos cavalos e deixou que descansassem um pouco antes de retomar a viagem.

Descendo a colina, avistou a casa de seus pais. A lua e algumas estrelas podiam ser vistas no firmamento, pois o céu agora parecia um tapete de tão limpo.

Constanza ouviu a chegada de cavalos e foi abrir a porta para ver quem era. Pelo olhar da mãe, Rebeca constatou que sua intuição estava certa.

– Que bom que vieste, minha filha. Teu pai está acamado há dias e temo por sua saúde.

– Que tem ele, mamãe? Vim porque meu coração estava apertado.

– Teotônio está febril e tem tossido muito.

– O doutor já foi chamado?

– Ainda não o mandei chamar. Teus irmãos estavam aqui, mas acharam que não era necessário.

Rebeca entrou nos aposentos onde Teotônio estava e pôde ver seu abatimento. Abraçou-o, e Teotônio viu que sua querida filha havia chegado.

CAPÍTULO 27

— Querida filha, vieste me ver? — perguntou Teotônio com voz fraca.

— Sim, papai. Que sentes? Pensei em te encontrar na lavoura e vejo-te aqui.

— Acho que está na hora de partir.

— Não fales isso, meu pai. Tens muito tempo ainda. Precisas ver Augusto, como está um homenzinho.

— E tu, como estás? Sinto saudade de ti.

— Estou bem, papai. Também estava com saudades e vim ver-te. Acho que precisas dos meus cuidados. Mamãe acaso não está cuidando bem de ti? — e sorriu para Teotônio, brincando com Constanza.

— Constanza tem sido a melhor esposa, mas estou cansado.

— Farei um caldo que irá renovar tuas forças e te deixará de pé.

Rebeca falava, mas viu que o estado do pai era preocupante. Não imaginava encontrá-lo daquele jeito, embora seu coração dissesse que não seria diferente.

— Prepararei agora mesmo o caldo, para que possas tomá-lo antes de dormir. Farás isso por mim, não?

– Farei o que me pedires, minha filha – e logo Teotônio deixou-se cair em um sono leve.

Rebeca pediu com o olhar que Constanza a acompanhasse.

Constanza, com os olhos úmidos, olhou para a filha como que na esperança de que dissesse algo para tranquilizá-la.

– Mamãe, venha me ajudar a fazer um caldo para papai com algumas ervas e especiarias, a fim de que recobre a saúde. Precisamos combater o mal que está tirando suas forças.

Constanza, sem nada dizer, como se fosse um boneco, simplesmente seguiu as instruções da filha.

– Vamos rezar, mamãe. Agora, mais do que nunca, precisas pedir ao Cristo para que olhe por papai. Esta é a hora de exercitares tua fé. Não dizes que ele opera milagres? Então, peça a ele pela saúde de papai.

– Minha intuição diz que o caso é mais grave do que pensamos.

Assim que o caldo ficou pronto, Rebeca levou um pouco para que Teotônio o sorvesse. Com muito esforço e uma tosse que teimava em não dar trégua, ele engoliu o caldo a fim de melhorar o estado em que se encontrava.

– Isso mesmo, papai. Muito bem. Logo ficarás bem – e viu que Teotônio voltara à posição em que estava sem nada dizer.

Rebeca falou para a mãe que dormiria ali, a seu lado, e que ela fosse descansar. Constanza disse que não saberia se conseguiria dormir e preferia ficar ali perto também, mas a filha a aconselhou que tentasse dormir um pouco, para ter forças no dia seguinte.

Constanza também estava abatida. Fazia dez dias que Teotônio encontrava-se acamado e necessitava repousar, como Rebeca havia falado.

– Está bem. Tentarei dormir um pouco, mas me chame caso aconteça alguma coisa. – Despediu-se da filha e ficou no aposento ao lado.

Rebeca procurou ajeitar-se ali mesmo, em uma cadeira, ao lado do pai. Dissera à mãe que não queria jantar, pois comera algumas frutas no caminho e um pedaço de pão que trouxera. Ela não tinha fome quando ficava preocupada; era de sua natureza ser assim. Não conseguia engolir nada que lhe oferecessem.

Constanza, por sua vez, tomara um pouco da sopa que haviam feito, mas também não tinha fome.

Rebeca procurou segurar a mão de seu pai. Sentia-lhe os dedos sem vida. Aquelas mãos, que haviam trabalhado tanto cuidando da terra e ensinando a ela e aos irmãos tantas coisas, repousavam nas suas como a pedir amparo e proteção.

Rebeca sentia as lágrimas rolarem por seu rosto e pediu do fundo de sua alma a proteção dos deuses para seu pai. Embora fosse criada ouvindo a mãe falar sobre o nazareno, não podia dizer ao certo que possuía uma fé capaz de lhe tirar do desamparo em que se encontrava. Se pudesse sentir o mesmo que a mãe... Mas não. Mesmo assim, olhou pela fresta da janela em direção ao céu e pediu que suas orações fossem atendidas e que seu querido pai melhorasse e voltasse a ser como era.

No decorrer da noite, Rebeca viu o pai agitar-se e tossir muito, até que pôde ver pela luz da chama um filete de sangue a lhe escorrer pela boca. Assustada, chamou a mãe, que não demorou a aparecer.

– Papai, papai. – Rebeca sentiu o olhar do pai para ela, como que a se despedir. Então ele fechou os olhos para não mais acordar.

Rebeca desesperou-se. Soluçando, pediu a ele que ficasse um pouco mais, mas Teotônio não atendia a seus pedidos.

Constanza ajoelhara-se aos pés da cama e chorava também a partida do esposo. Não havia mais nada a ser feito. Teotônio partira de seu corpo carnal e, amparado por benfeitores espirituais, seguira para outra dimensão.

Rebeca, depois de muito chorar, consolava a mãe, que agora se entregava a seus cuidados como uma criança.

Eram quase cinco da manhã, e Rebeca tomou as providências necessárias, ao lado da mãe, com o corpo de Teotônio.

Precisava avisar seus irmãos para o funeral. Assim que amanheceu, foi em direção ao vizinho mais próximo e pediu que ele os avisasse.

Constanza e Teotônio moravam naquele lugar há muitos anos e eram bastante conhecidos. Todos ficaram muito tristes com a perda do querido patrício.

A cerimônia foi de muita emoção. Terminada, todos voltaram à pequena casa de Constanza e, nessa hora, puderam constatar a falta que Teotônio faria dali por diante.

Rebeca deixou-se cair em uma cadeira e permitiu que o pranto tomasse conta dela. Seu querido pai havia partido. Aquele que lhe contara histórias e ensinara-lhe tantas coisas agora já não fazia mais parte deste mundo. Esperava que houvesse, como os egípcios acreditavam, outra vida. Não fazia sentido tudo simplesmente acabar. Não. Não se conformaria com isso.

Constanza, agora mais refeita, fazia preleções sobre a vida eterna da maneira como sabia, e Rebeca procurava nas palavras que proferia algum alento para si.

Os irmãos de Rebeca também estavam abatidos.

Constanza foi cozinhar algo para comerem. Há dias não se alimentava direito e não queria que ninguém mais ficasse doente.

Rebeca perguntava-se como seria agora com sua mãe a morar sozinha. Pediu que um dos irmãos viesse morar com ela, e logo pôde ver que seu irmão do meio já mencionara isto. Pietro era mais apegado à mãe e disse que não iria deixá-la um só instante. Rebeca ficou aliviada. Sabia que seria impossível Constanza e Augustus morarem na mesma casa.

No dia seguinte, Rebeca estava mais refeita da emoção do dia anterior. Teria de continuar sua vida – sem seu pai, é verdade, mas não teria outra alternativa.

Constanza, já de pé, aparentava estar mais refeita também. Abraçou a filha, mas não disse uma única palavra.

Rebeca, por sua vez, depois do desjejum, foi respirar um pouco de ar puro. Pensou em caminhar, mas não sabia se teria forças para isso. Olhava as planícies, que agora já não estavam tão verdes. O inverno se aproximava mais uma vez, e uma mistura de cores cobria as colinas e onde os animais costumavam pastar.

Sabia que precisava voltar. Ficaria mais uns dois dias, a fim de que a mãe estivesse mais refeita, embora achasse Constanza em condições melhores que as dela.

– Pietro vem morar contigo, é verdade?

– Sim, minha filha – falou Constanza, que agora tinha ido até a filha para conversar um pouco.

– Fico mais tranquila assim. Não saberia partir e ver-te sozinha aqui em casa.

– Quando pretendes partir?

– Dentro de dois dias. Preciso contar a Augustus e também ao pequeno Augusto sobre a partida do avô. Augusto adorava-o. Lembro-me de quando certa vez vi papai ajudá-lo com as mãozinhas a fazer bolas de terra – e lágrimas novamente rolaram de seus olhos.

Constanza sabia que estava sendo difícil para Rebeca, muito mais que para qualquer um de seus filhos, a partida de Teotônio.

– Seu pai agora repousa e despertará para a vida eterna, minha filha.

– Espero que tenhas razão, minha mãe. Hoje não me sinto em condições de afirmar nada. Não sei se o que dizes é verdade, mas também eu peço ao Cristo que olhe por meu pai e por nós aqui – e Rebeca abraçou a mãe, como a pedir-lhe um pouco de colo.

Constanza ponderou que era hora de deixar as diferenças de lado sobre suas crenças e dar o carinho necessário à filha.

CAPÍTULO 28

No dia de sua partida, Rebeca olhou ao redor e lembrou-se de que nunca mais veria o pai a estender-lhe os braços em sua direção quando chegasse. Despediu-se da mãe mais uma vez e, sem palavras, subiu na pequena carroça e foi ganhando distância. Não olhou para trás, embora tivesse vontade de fazê-lo. Lágrimas brotavam de seus olhos, a ponto de não enxergar ao certo o caminho a ser percorrido.

Do Alto, espíritos amigos acompanhavam Rebeca e mandavam boas energias para que se recuperasse da ausência de Teotônio – ausência essa momentânea. Cada um tem o tempo certo de permanecer na órbita terrestre. Cada um traz consigo suas lutas, seus compromissos e sua trajetória, a fim de que, cumpridas as etapas de evolução, retornem ao plano espiritual.

É verdade que muitos espíritos não conseguem cumprir o destino a que se propuseram e entram em luta consigo mesmos, a fim de contrariarem as leis que lhes permitiriam ter o auxílio necessário para o cumprimento de sua jornada. Muitos se revoltam e, como que enganados por si e por quem não tem interesse em vê-los progredir, caem na ignorância, deixando-se levar por condutas inapropriadas, que os levará à estagnação de sua evolução.

No caso de Teotônio, nobre amigo, pôde cumprir com toda a sua integridade os compromissos assumidos. Havia sido bom pai e esposo, e viveu de seu trabalho honesto. Amparava a todos que viessem pedir-lhe conselhos ou um prato de comida, sem nunca duvidar, por um segundo sequer, que também ele era amparado. Agora, de volta ao plano espiritual, descansava de sua jornada, mas logo despertaria e poderia ver como fora vitorioso nas conquistas que obtivera em seu percurso na Terra.

Rebeca enxugava os olhos, vendo que ainda tinha um longo caminho a percorrer até chegar à capital.

Estava com saudade do filho Augusto, mas sabia que ele estava sendo bem cuidado pela criada, no seu caso, amiga. Sempre agradecia por tê-la em seu caminho. Não saberia dizer se teria sido capaz de seguir adiante sem sua ajuda.

Pensou também que teria de contar sobre a partida de seu pai. Esperava um dia reencontrá-lo. Não sabia como isso aconteceria, mas aguardaria até o último de seus dias.

Parou um pouco a fim de comer algo. Estava ficando enjoada, pois não havia comido nada antes de sair. Deu água aos cavalos e, assim que se recuperou, comeu um pedaço de pão e uma fruta, e prosseguiu.

O dia não estava ensolarado como quando viera. Havia nuvens, e parecia que iria chover a qualquer momento. Se chovesse muito, teria de se abrigar em algum lugar para se proteger. Esperava que isso não acontecesse.

Conseguiu seguir adiante, vendo que do céu só caíam alguns poucos pingos de chuva. A viagem para Rebeca não chegava a ser tão cansativa em dias normais, mas naquele dia o trajeto parecia estar mais longo.

Enfim, depois de muito percorrer caminhos, pôde avistar as luzes da capital. Sua casa não era tão ao centro, mas podia ver em volta que estava agora mais iluminada por tochas do que quando se mudara com Augustus.

A criada ouviu o barulho da carroça e foi abrir o portão para que Rebeca entrasse. Logo notou seu abatimento; algo muito sério deveria ter acontecido.

– Como estás, senhora? O que causou teu abatimento? Por certo não saíste daqui com esta nuvem nos olhos.

– É verdade, querida amiga. Volto diferente do que fui. Meu querido pai partiu e não sei como serão meus dias sem ele – e deixou-se cair no abraço de sua criada e amiga.

Augusto veio ao encontro da mãe e pôde ver a cena.

– Por que choras, mamãe? Estava com saudades minhas e de papai?

– Certamente, meu querido – e foi abraçá-lo.

Como era bom sentir seus pequeninos braços a envolverem seu pescoço. O calor daquele corpo era como um bálsamo para seu coração, que agora, mais do que nunca, precisava ser aquecido.

Augustus ainda não havia chegado, e Rebeca agradeceu por não tê-lo por perto, embora não soubesse ao certo se queria ou não seu abraço e seu ombro para poder chorar.

A criada ajudou Rebeca a tirar os pertences da carroça, e Rebeca viu como era bom chegar em casa. Depois de muito tempo, agora considerava aquela a sua casa. Havia demorado para que isso ocorresse, mas agradecia por conseguir ter a mesma sensação de quando antes voltava para sua casa no campo.

Rebeca disse à criada que não estava com fome, pois havia comido no caminho, e que não se preocupasse com ela.

Augusto, ao contrário, fazia da refeição um momento para repor o que gastara em brincadeiras durante o dia todo. Rebeca percebia, feliz, seu crescimento e agradecia à criada por ter cuidado tão bem dele.

Rebeca ouviu um ruído na porta. Augustus chegara.

Ele também, ao observar o semblante de Rebeca, perguntou o que havia acontecido.

– Papai se foi, meu querido.

– Sentirei muito a falta dele – e apertou Rebeca em seus braços. Ela agora agradecia ter seu abraço, e ele deu-lhe um beijo na testa.

– Mas conte-me o que aconteceu.

Rebeca então pôs-se a falar. Augustus ouvia atentamente, e Rebeca olhou para o filho, a fim de que o esposo percebesse que o pequeno Augusto estava a observá-los. Augustus, como que para se desviar do assunto, mas não sem dar a ele a importância devida, procurou brincar com o filho. A certa altura, comentou:

– Peçamos aos deuses que o acolham em sua nova morada – falou Augustus.

O pequeno Augusto perguntou:

– É verdade, papai, que os deuses nos ajudam a sermos bons soldados?

– Sim, meu querido. Os deuses nos ajudam desde que cumpramos todos com nossas obrigações.

– Que obrigações, papai?

– Precisamos ofertar a cada um o que nos pedem, para que não se zanguem conosco e não nos punam, dando-nos o contrário do que lhes foi pedido.

– Farei tudo o que me pedirem. Quero ser um bom soldado.

– Isso mesmo, meu querido. Assim os deuses não se zangarão e o tornarão um soldado forte e guerreiro – e Augusto se punha como que a marchar, com Augustus rindo do filho.

Rebeca olhava a cena e pedia aos deuses que Augusto não seguisse os passos do pai. Em seguida, pediu à criada que lhe esquentasse um pouco de água para um banho. Precisava tirar aquelas roupas empoeiradas da viagem e colocar roupas mais leves.

A criada ajudou a entrelaçar os cabelos de Rebeca, que agora deixava cair sobre o corpo a água quente. Como era bom poder sentir o cheiro das ervas! Aquilo certamente a ajudaria a relaxar e quem sabe conseguir ter uma boa noite de sono.

Rebeca, agora em seu leito, via o rosto do pai a lhe sorrir. Aquilo seria verdade, ou estava tendo alucinações?

Deveria ser o cansaço. As imagens que se formavam traziam cenas de sua infância e Teotônio a lhe mostrar a terra e como deveria dar comida aos animais.

Rebeca adormeceu e sonhou que andava pelos campos. Logo viu Teotônio arando a terra e plantando sementes, como o vira fazer inúmeras vezes. Teotônio então se deteve e acenou-lhe, mas Rebeca percebeu que ele estava de partida.

Acordou e pôde ver Augusto dormindo a seu lado, assim como o esposo também o fazia. Percebeu que tivera um sonho e tentou voltar a dormir para conseguir ver seu querido pai novamente. Mas não. Desta vez, viu um homem, ou melhor, Otaviano a lhe estender a mão. Ele lhe dizia que tudo estava dentro do que havia se comprometido, e Rebeca sentiu sua proteção a acalmar-lhe o coração.

Acordou com os raios do sol no rosto. O dia que se anunciava deveria ser quente, e Rebeca achou melhor levantar-se. A casa ainda estava quieta, e mesmo a criada ainda não acordara.

Rebeca percebeu que seu estômago estava sem as náuseas de antes e procurou comer algo. Perguntava-se por que não se sentira bem. Não estava grávida por certo. Então, qual seria o motivo daquele mal-estar?

Precisaria ver isso caso voltasse a ocorrer.

CAPÍTULO 29

Aos poucos, toda a casa despertava. A criada, vendo que Rebeca já estava de pé, desculpou-se, e Rebeca falou que não havia nada a desculpar. Comentou que não passara bem na viagem e que seu estômago se ressentira. Como estava melhor, achara por bem comer algo e havia se levantado.

A criada comentou que a tristeza às vezes fazia isso e que por certo o que sentira devia-se à perda de seu pai. Rebeca concordou que provavelmente seria isso, pois comia agora como se não houvesse sentido nada.

Augustus levantara também, já com suas vestes romanas, e disse a Rebeca que não esperasse por ele. Haveria uma reunião muito importante e faziam questão de que estivesse presente.

Rebeca ponderou se Otaviano não estaria lá também, mas isso ela não saberia.

Augusto abraçou o pai, perguntando se poderia ir junto, e Augustus riu.

– Não ainda, meu caro. Um dia irás e serás o mais forte e corajoso soldado de toda a Roma.

Rebeca, no íntimo, pedia que isto não acontecesse. Augusto contava quase onze anos, mas haveria um tempo em que talvez não conseguisse dominar-lhe os instintos e perguntou-se como faria. "Bom", pensou, "é melhor não me preocupar com isso agora". Já havia tido emoções demais nos últimos dias e não queria aborrecer-se nem fazer o estômago revirar de novo.

O dia realmente estava quente, e Rebeca foi à varanda para se refrescar. No alto, sempre corria uma brisa, e gostava de apreciar o vai e vem dos cidadãos.

Roma havia mudado nos últimos dez anos. Quando chegara, não havia gostado da cidade, mas agora já não sentia aquela repulsa de antes. Aprendera aos poucos a viver ali. Muitas vezes, perguntava-se o porquê desse sentimento.

A criada veio lhe perguntar o que gostaria que fizesse para comer, e Rebeca pediu que fizesse algo leve para ela.

Via Augusto a brincar e percebeu que precisava confeccionar novas vestes para ele. Estava crescendo rápido, e sua altura já não parecia a de um menino, e sim a de um rapazinho.

Pensou em Otaviano e olhou na direção sul. Viera dali, e perguntou-se se faria esse caminho muitas vezes. Qual seria sua função? Havia dito que trazia documentos, mas com que propósito? Não poderia perguntar a Augustus, mas ao mesmo tempo pensou que o marido nada poderia ter percebido daquele dia em que encontrara Otaviano na festa , visto que não estava em condições de ver um palmo sequer adiante do nariz. O vinho cegava-o. Percebeu então que Augustus há pelo menos dez dias estava mais sóbrio. Seria bom se continuasse assim; não queria que Augusto visse o pai naquelas condições. Não queria que tivesse esse exemplo dele. Pensou em seu pai e agradeceu por ter tido o melhor pai que alguém poderia ter desejado.

Teotônio fora para ela um misto de amigo, pai, confidente, sábio. Seus irmãos também haviam sentido a morte dele. Pietro chorara convulsivamente, e Lúcio, mais discreto, deixava a dor corroer-lhe o coração, mas sem demonstrar tanto. Como seria a vida de sua mãe?, pensou. Sabia que Pietro viria morar com ela e que sua esposa entendia-se muito bem com a mãe. Dividiam a mesma fé e, pelo que pudera perceber, tanto ela como Constanza tinham uma atitude mais firme do que via nas outras pessoas. É certo que o medo impedia que alguém se declarasse um seguidor do Cristo, mas Constanza, e também a cunhada, comportavam-se da mesma maneira, a defendê-lo com a vida se preciso fosse.

Rebeca foi olhar os tecidos para as roupas de Augusto e notou que teria de comprar mais caso viesse a fazer roupas por aqueles dias.

Se estivesse no campo, colheria algumas ervas e faria um chá para si. A terra era fornecedora de muitos bens; bastava que o homem a tratasse com carinho, e ela lhe daria o que precisasse. Seu pai sempre lhe ensinara que as mãos eram responsáveis pelo que plantávamos e também pelo que colhíamos. Certamente seu pai tinha se referido à conduta de cada um. Dizia sempre para que ela prestasse atenção ao que plantava, para que sua colheita fosse farta.

Como seu pai era um homem sábio! A mãe sentira a morte dele, mas Rebeca acreditava que Constanza não reconhecia nele o homem que realmente estava a seu lado. Tinham muitas opiniões diferentes, e perguntou-se por que não poderia ela tê-los deixado em vez de seu querido pai. Ponderou então se os deuses não iriam puni-la por esse pensamento, mas era o que sentia.

Augusto entrou com a mão toda suja a chamar-lhe, e Rebeca, a princípio, pensou em brigar com ele, mas depois deixou-se levar pelo calor de seus braços. Precisava de carinho e envolveu-o, beijando-o no rosto.

Os dias passaram, e Rebeca não havia sentido mais nenhum mal-estar. Aliás, nem se lembrava de algum dia tê-lo sentido.

Embora Augustus não quisesse que saísse para fazer compras, precisava comprar tecidos e pediu à criada que fosse com ela.

Rebeca agora escolhia alguns tecidos, enquanto a criada e Augusto refrescavam-se na sombra do comércio. Rebeca percebera atrás de si uma voz conhecida e, quando se virou, viu Otaviano. Por um instante, perguntou-se se ele estava realmente ali, mas pôde sentir o toque de suas mãos ao cumprimentá-la. Seu corpo estremeceu, e procurou disfarçar o que havia sentido.

– Como vai, senhora? Não podia passar e não cumprimentar-te.

– Estou bem. Vim escolher alguns tecidos para as novas vestes de Augusto, que, como vês, está crescendo – e apontou para o filho, que se distraía com a criada.

– É verdade, está se tornando um rapaz.

Rebeca sentiu o olhar de Otaviano como que a invadir-lhe a alma. Percebendo que a criada os observava, procurou encerrar a conversa.

– Desculpe-me, senhor, mas tenho que ir.

Otaviano entendeu o comportamento de Rebeca e disse que estava de passagem também.

– Espero que tudo esteja bem em sua casa. Recomendações a Augustus.

– Obrigada por tua ajuda naquele triste episódio. Não te poderei pagar pelo bem que fizeste.

– Não tem o que me agradecer. Fiz o que faria por um amigo, e Augustus é muito querido entre todos nós.

– Bom, obrigada mais uma vez – e despediu-se.

Otaviano observava Rebeca se afastar, como da vez anterior.

Rebeca pediu à criada que fosse pegar os tecidos já escolhidos enquanto aguardava com Augusto do lado de fora. Vendo a criada se aproximar, viu que Otaviano já não estava mais lá.

– Sente-se bem, senhora? – perguntou a criada.

– Sim, só estou com calor. Vamos voltar para casa – e virou-se em direção a sua residência, esperando chegar o mais rápido possível.

Ao longo do dia, Rebeca não conseguiu parar de pensar em Otaviano. O que os deuses queriam dela? Por que haviam posto Otaviano em seu caminho?

Não tinha cabeça para costurar nada naquele dia. Por certo essa tarefa já não lhe agradava. Fazia-o porque precisava, e ao mesmo tempo era um meio de preencher seu tempo. Mas não naquele dia. Nada iria conseguir apagar o rosto de Otaviano a invadir seu íntimo.

Ouviu a voz de Augustus, e como que por encanto o rosto de Otaviano se desfez.

– Pensei ter ouvido que não te esperasse para o jantar ou algo assim.

– É verdade. Disse isso mesmo, mas o conselho foi mais rápido que esperávamos, e o calor me fez voltar para refrescar-me. Importa-te minha presença? – perguntou Augustus.

– Que ideia é esta? Que queres escutar de minha boca? – e Augustus viu nos olhos de Rebeca que a resposta estava lá. Seria melhor não estender o assunto e perguntou por Augusto, mas pôde ver que logo o filho tão amado já estava a mexer com sua espada. Augustus disse-lhe para ter cuidado.

– Já sou um homenzinho, papai. Não é mesmo, mamãe? – e Rebeca assentiu com a cabeça. Não se sentia em condições de falar muito naquele dia. Temia que algo pudesse escapar de si e demonstrar o que realmente sentia.

Augusto dizia ao pai que a mãe havia conversado com um homem, e esta, pressentindo a pergunta, respondeu antes de ouvi-la:

– Otaviano veio me cumprimentar e perguntou de ti. Pensei em lhe perguntar por que não estava também na reunião em que estavas. – Assim, Rebeca aproveitava para perguntar qual era a profissão dele.

– Otaviano nem sempre faz parte dos conselhos, minha querida. É doutor das leis e redige o que fica decidido entre nós e o imperador.

Rebeca então entendeu o que seriam os documentos que ele trazia, e falou a Augustus sobre os cumprimentos que Otaviano deixara-lhe.

Agora fazia sentido. Sabia que posição Otaviano ocupava junto ao império. Mas sabia ainda mais: o que ele representava para si em seu coração.

CAPÍTULO 30

Rebeca há muito gostava de escrever. Desde pequena tinha por hábito contar em linhas o que lhe ia na alma. Poucos sabiam disso. Nem mesmo Augustus sabia. E para que deveria contar-lhe?, pensou. Por certo tentaria saber o que estava escrito, assim como o fizera Constanza quando era mais nova.

Sua mãe, ao ler, pouco entendia, pois aquilo que dizia não fazia sentido para ela. Em conversa com Teotônio, seu pai dissera à esposa que eram coisas de jovens, e Constanza, dali por diante, tratara de casá-la o quanto antes. Não escrevera nada de mais, pelo que se lembrava. Já não possuía o que escrevera naquela época. Certamente a mãe, ao vê-la casada, jogara tudo fora. Rebeca recordava que havia escrito sobre como achava que a vida deveria ser: aonde gostaria de ir e os planos para sua vida futura.

É certo que pouco do que continham aquelas linhas acontecera de fato.

Vinha sentindo vontade de escrever de novo. Precisava daquele subterfúgio para que não explodisse. Precisava contar a alguém, e quem melhor do que os pergaminhos, que, ao serem enrolados, guardavam para si o que continham?

Naqueles dias, Rebeca passou a se sentar na cadeira ao lado da mesa que ficava em seus aposentos e começou a escrever. Há muito mantinha papéis e tinta para que pudesse fazer isso, mas, sempre que pensava, lembrava-se da mãe a tirar-lhe o gosto do que queria fazer.

Bem, agora Constanza não o faria mais. Talvez Augustus se inquietasse com aquilo, mas faria de tudo para que não soubesse.

Começou então a escrever o que lhe ia na alma. Sabia que tinha de modificar algumas palavras para que seus sentimentos não ficassem tão evidentes, mas, de qualquer forma, poderia colocar tudo ali e desafogar um pouco o coração e a mente.

À tarde, enquanto Augusto tomava algumas lições a fim de entender um pouco sobre os estudos, Rebeca apropriava-se do quarto e escrevia. Aquilo fazia-lhe bem.

Naquele dia Rebeca escrevera sobre Otaviano. Dera-lhe o nome de "Esperança" e colocara suas incertezas e dúvidas a respeito do que seria seu futuro.

Rebeca tinha um pequeno baú fechado, onde eram guardados os papéis que escrevia. Mantinha a chave consigo.

Pensou em Constanza. Como a mãe estaria após a morte de seu pai? Aproveitando o papel e a pena, mandaria uma mensagem para Pietro a fim de que lhe desse notícias da mãe. A idade também chegava para Constanza, e pediu ao irmão que lhe escrevesse. Pronta a mensagem, solicitou à criada que chamasse um mensageiro para levá-la.

Acreditava receber em poucos dias a resposta.

Rebeca agora escutava de Augusto o que tinha aprendido com seu professor. Ele era um menino inteligente, e pôde notar que gostava de cálculos – diferentemente dela, que apreciava mais literatura e escrita.

Rebeca ouviu da criada os elogios feitos a Augusto e abraçou seu pequeno prodígio.

Augustus disse à esposa que teriam uma festa para ir, e Rebeca falou à criada que iria se arrumar. Pediu-lhe que trançasse seus cabelos novamente. A criada tinha uma habilidade com as mãos que Rebeca gostaria de ter.

Augusto não poderia ir, embora quisesse, e Rebeca disse que não era festa para crianças. Augusto protestou dizendo que já era um rapazinho, e Rebeca concordou, desculpando-se.

Augustus chegou e colocou sua melhor veste. Fariam uma homenagem a um senador, e ele queria estar presente.

Rebeca desta vez quis ir também. Talvez tivesse outra oportunidade de ver Otaviano.

Em pouco tempo, entravam no salão e eram cumprimentados por todos. Rebeca esperava que Augustus se controlasse com a bebida; não queria passar por nenhuma situação constrangedora. Observou que o esposo gostava de exibi-la e se sentiu incomodada com aquela situação. Sabia que chamava a atenção. Era uma mulher bonita e, independentemente de Augustus querer exibi-la, atraía por si só os olhares, devido à sua beleza.

Sentaram-se para comer do banquete oferecido.

Rebeca procurava comer pouco e sem exagero. Embora não tivesse mais se sentido mal, queria preservar aquela sensação de bem-estar. Já Augustus permitia-se experimentar de tudo um pouco, e, só de olhar, Rebeca já não se sentia bem.

Tentou conversar um pouco com Marta, mulher de Solano, mas a conversa não se estendeu. Muito diferente de Rebeca, tinha nas vestes e nos costumes um meio de exteriorizar o que gostava. Sem dúvida, se pudesse escolher, não a teria como amiga.

Por onde será que andava Amarílis? Como estaria sua querida amiga? Daria tudo para revê-la e abraçá-la.

Augustus apresentou a Rebeca o senador, que agora desfilava a receber os cumprimentos. Curvou-se, e este segurou-lhe pelo braço a fim de que não fizesse isso. Rebeca agradeceu, e

Augustus observava o encantamento que ela produzia nos homens. Sem dúvida, com aquele não era diferente.

Conversaram um pouco sobre a homenagem feita, e Augustus começou a falar sobre as medidas que estavam sendo tomadas. Rebeca procurou se esquecer da conversa, até porque não tinha interesse algum no assunto. Olhou ao redor e notou que Otaviano não estava lá.

Será que estava na Gália, de onde viera? Nada sabia sobre sua vida, se era casado ou viúvo, ou de quanto em quanto tempo vinha para Roma. Após longo tempo, fora surpreendida por ele enquanto fazia compras.

Ele não mudara muito. Talvez uns poucos cabelos brancos, mas conservava o olhar de antes.

E ela, será que mudara? Será que ele ficara decepcionado com ela? Bem, suas roupas, pelo que podia ver, conservavam o mesmo tamanho. Olhou para si. Bom, os homens ainda a olhavam; por certo alguma atenção ainda chamava. Esperava que fosse para o bem... e riu de si mesma.

Rebeca também tinha esse lado de rir de si mesma. Às vezes achava que ela própria era sua melhor companhia. Não era de ter muitas amigas. Poucos se identificavam com o que pensava e, para ela, não fazia efeito ter muitos a adulá-la ou a falar o que não queria ouvir.

Havia música, e alguns homens e mulheres arriscavam alguns passos, mas logo pararam, pois haveria uma apresentação com malabarismos e equilibristas.

Todos se sentaram, e Augustus e Rebeca também. Os saltimbancos eram aplaudidos, e Rebeca apreciou a apresentação, que encantou a todos.

Após a cerimônia com um brinde ao senador, Augustus preferiu ir embora, e Rebeca concordou, já que o esposo não demonstrava sinais de estar embriagado.

A liteira os deixou, e Augustus, em seu leito agora, comentava com Rebeca sobre a festa. Augusto dormia em seus aposentos com a criada. Rebeca achou que seria melhor fazê-lo se acostumar com seus aposentos, já que se tornava um rapazinho.

Augustus então olhou para Rebeca, que se despiu, e viu que ela ainda continuava bela. Rebeca olhou para Augustus e tratou de se vestir logo para dormir.

Como Augustus se viu sozinho com Rebeca, procurou fazer-lhe um carinho. Ela sabia o que poderia esperar e deixou que Augustus a tocasse. Há muito tempo sentia a necessidade de que alguém a tomasse nos braços e deixou-se envolver por Augustus.

Pouco antes de amanhecer, Rebeca acordou e viu Augustus ressonar a seu lado.

Bom, não tinha do que se culpar. Ele era seu esposo e não fizera nada de errado. Aprendera a amar Augustus do seu jeito, mas ele sabia o que Rebeca sentia por ele. Talvez ele mesmo já não a amasse tanto quanto na época em que haviam se casado. Talvez os anos houvessem feito que tivessem na companhia um do outro um meio de suportar suas vidas. O fato é que, depois de muito tempo, Rebeca dormira com Augustus e acreditava que ele quisesse que aquilo se tornasse de novo uma rotina.

Levantou-se e lavou o rosto, trançando seu cabelo da forma como sabia.

O céu ainda conservava umas poucas estrelas, e o sol logo começaria a despontar.

Rebeca esperava conseguir, durante o dia, confeccionar algumas vestes para Augusto e talvez para o próprio Augustus. Com tantas reuniões e conselhos, Augustus estava precisando de vestes novas.

Olhou novamente o céu e pediu aos deuses que a ajudassem; que aquele fosse um bom dia; e que sua mensagem chegasse a Pietro a fim de lhe mandasse notícias de sua mãe.

CAPÍTULO 31

Pietro recebeu a mensagem enviada por Rebeca. Tinha lido, mas não sabia ao certo se deveria ou não contar-lhe sobre a mãe. Constanza vinha, a cada dia, ficando mais e mais fanática sobre sua fé. Pietro e a esposa concordavam que havia um princípio de demência naquele exagero, e isso os preocupava. Após a morte de Teotônio, Constanza achava em tudo um motivo para glorificar ou crucificar o que quer que lhe chegasse aos ouvidos. Caminhava pela casa e falava com quem não estava lá.

Pietro preocupava-se com o estado de saúde da mãe e, por conhecer Augustus, achara melhor não comunicar a Rebeca o que vinha ocorrendo. Resolvera escrever que a mãe estava bem, somente com as questões da idade, que agora já se pronunciavam mais nitidamente. Não estava mentindo, mas achou melhor omitir seu estado real.

Dentro de alguns dias, Rebeca receberia a carta enviada pelo irmão e constataria que não havia motivos para se preocupar. Assim que fosse possível, faria uma nova visita, mas não sabia quando.

Da sacada, Rebeca via uma movimentação diferente naqueles dias em Roma. Parecia que o número de pessoas aumentara e havia uma aura estranha no ar. Seria sua intuição ou realmente estava por acontecer algo?

Descera e comentara com a criada sobre essa sua impressão. A criada confirmara que um novo imperador parecia estar assumindo Roma, fora isso o que escutara. Rebeca não ouvira Augustus falar nada a respeito e se perguntou por quê. Bom, certamente seria por Rebeca não gostar de política nem se interessar pelo assunto. Por que perderia tempo com ela? Sabia somente que Augustus pedira que arrumasse sua melhor túnica para uma solenidade, e Rebeca havia pensado que fora providencial ter feito uma para Augustus.

Assim que ele chegou, tratou de perguntar se o que a criada contara era verdade, e Augustus disse-lhe que sim. Diocleciano seria o novo imperador a assumir, mas Augustus não sabia muito sobre ele.

Rebeca tinha em sua intuição algo que não sabia precisar. Alguma coisa mexia com ela ao ouvir o nome do futuro imperador.

Gostaria que Roma fosse mais do que a cidade dos deuses. Que quem quer que a governasse mantivesse seus súditos e cidadãos felizes e, principalmente, desse-lhes permissão de escolher quem desejassem cultuar. Rebeca não via sentido em sacrificar quem quer que fosse somente por não acreditar nisto ou naquilo, desde que se mantivesse o respeito um pelo outro.

Desta vez, não iria com Augustus. Seria uma reunião ou acontecimento do qual não tinha nenhum interesse em participar.

Augustus, em sua túnica nova, estava muito bem. Ele mesmo elogiou Rebeca pela nova veste, e ela agradeceu o elogio. Viu Augustus sair e ouviu dele não saber a hora que chegaria.

Seu filho entretinha-se com Tarso, e Rebeca voltou à sacada, agora para ver Augustus cavalgar em direção ao senado. Jamais esperava de Augustus que um dia estivesse voltado à política ou frequentando reuniões daquele porte. Aliás, não esperava tanta coisa: vir morar em Roma e abandonar o campo, ir ao enterro do pai e sobreviver a isso. O que será que o destino ainda faria por ela? Não sabia o que podia esperar. Pedia somente que seu filho fosse um homem de bem e que pudesse viver seus dias de maneira a envelhecer em paz.

Olhou para o céu e viu uma estrela cadente. Era um aviso. Tratou de pensar em algo bom, para que os deuses ajudassem a realizar seu desejo.

O céu estrelado dava a possibilidade de se ver um grande número de estrelas. Muitas vezes parecia até que desenhos eram formados no céu. Gostava, desde criança, de ficar observando-o, e lembrou-se do pai a contar-lhe histórias a respeito do universo e seus mistérios.

Recordava-se também de Constanza a questionar o que ele dizia aos filhos. Ela via que Lúcio e Pietro não se interessavam tanto quanto Rebeca – talvez por serem homens, mas não acreditava ser isso. Teotônio era homem e não gostava de armas nem de guerras, e estava lá a explicar o princípio de tudo.

Lúcio, seu irmão mais velho, tornara-se soldado romano, mas logo deixara de sê-lo em virtude de uma fratura na perna em uma disputa que travara. Desde então, nunca mais fora o mesmo, permanecendo em casa e ajudando a esposa no pequeno comércio que haviam aberto.

Pietro era agricultor e, como o pai, tirava da terra o sustento para sua família. Ele tinha um temperamento mais parecido com o de Rebeca. Possuía suas convicções, mas era prudente ao falar e ao calar-se.

Rebeca, a mais nova, tornara-se senhora de um soldado romano e também ela muitas vezes era cumprimentada pelos cidadãos como se fosse nascida de família nobre. Não gostava que agissem assim com ela, mas Augustus dissera-lhe que não achasse ruim, pois isso indicava sua importância no senado romano. Rebeca só não se incomodava mais porque não saía tanto, de modo que isso pouco acontecia.

Agora em seu quarto, ela abria os pergaminhos para escrever. Pensou em traçar algumas linhas sobre o que Teotônio lhe ensinara e assim marcar seu pai em suas lembranças como uma das melhores pessoas que havia conhecido.

Fechou-os, guardou tudo e foi se deitar. Augusto já não precisava que o colocassem na cama. Sabia dos horários a serem respeitados, e podia contar com a ajuda de sua amiga e criada a manter a ordem na casa.

Não estava com sono, mas deixou-se ficar ali pensando um pouco a respeito de tudo. Por onde andaria Amarílis? Gostaria tanto de poder rever sua amiga. Os deuses tinham sido muito bons para com ela, por terem colocado uma nova amiga em seu caminho. É verdade que ninguém iria substituir Amarílis, mas não estava só como achava que ficaria.

E não estava mesmo! Do Alto, onde viviam as estrelas, alguém a observava e a ajudava a superar os obstáculos e as provas do plano terrestre. Rebeca não podia ver, mas era amparada por espíritos amigos comprometidos com que sua estada na Terra lhe servisse de aprimoramento, com vistas à evolução.

Agora Rebeca tinha também o olhar e a proteção de seu pai. Teotônio, em pouco tempo, alcançara por mérito esse auxílio por parte de benfeitores que o haviam ajudado em sua jornada de volta ao plano espiritual, e que ainda continuavam ajudando-o acerca de suas dúvidas sobre esta ou aquela questão.

Rebeca sentia os fluidos em sua direção e adormeceu como uma criança.

Porém, o mesmo não acontecia com Constanza. Pietro tentava acalmar a mãe, que insistia em dizer barbaridades contra a cúpula romana. Sua esposa fechava as janelas para que ninguém a ouvisse, embora fosse do conhecimento de todos o estado de saúde da velha senhora. Muitos tinham pena de seu estado atual, mas outros também consideravam que ela estava de posse de sua lucidez e aproveitava para falar o que queria.

Por fim, após o auxílio de Teotônio e dos amigos espirituais, Constanza acalmou-se e agora dormia.

Pietro aproveitou para ir se deitar também, pois o cansaço tomava conta de seu corpo após um dia de trabalho com a terra e após cuidar de sua querida mãe.

Teotônio velava também pelo filho. Agradecia ter seguido seu exemplo de homem íntegro e responsável para com sua família e os seus.

A paz por fim fazia-se presente na casa de Constanza. Por quanto tempo, era impossível dizer.

Havia dias em que Constanza permanecia serena e não dava sinais de estar fora de si. Mas, em outros, transforma-va-se, como se houvesse mais alguém a instigar-lhe os ânimos. E realmente havia, mas não era possível ver a olho nu. Inimigos de vidas passadas aproveitavam-se de seu estado para que perdesse o controle e fosse motivo de chacota para todos.

Teotônio, com a ajuda dos amigos espirituais, tentava mostrar-lhes o mal que faziam a Constanza, mas nem sempre conseguia que se afastassem. A forma de pensar de Constanza a sintonizava com eles, de modo a permitir que permanecessem ali.

Embora já não fizesse mais parte daquele mundo de provas e expiações, Teotônio temia pelo que poderia ser de Constanza e procurava auxiliá-la, assim como a todos de sua família, para que estivessem em paz e cumprindo com os compromissos que haviam assumido antes de reencarnar.

CAPÍTULO 32

Os dias que se sucederam oscilaram entre a lucidez e o desequilíbrio, entre a paz e o caos. A luta travada não pertencia somente aos que se encontravam aflitos aqui na Terra. Pertencia também ao plano superior, que procurava auxiliar, dia após dia, por meio da oração e do amor enviado através de fluidos, o combate ao que era insano e perverso.

Todos na comunidade em que moravam Pietro e sua família já haviam escutado falar das intempéries de Constanza. Muitos se apiedavam do estado por vezes hipnótico em que se encontrava. Mas outros não. Pietro era um homem calmo; não fosse isso, já teria por certo posto tudo a perder com o que escutava de um ou de outro.

Certa vez, ouvira de um outro agricultor que Constanza deveria ser atirada aos leões, e Pietro temeu que de fato acontecesse algo assim. Constanza, quando estava fora de si, adquiria a força de dez homens, e era a custo que Pietro e a esposa a dominavam.

Pensara em chamar um sacerdote sem que ninguém soubesse, embora fosse difícil isso acontecer, visto que seria impossível manter em sigilo tal visita.

Rebeca, por sua vez, levava a vida com a tranquilidade permitida em seu cotidiano. Não pensava em Constanza com a mesma preocupação que sentia por Teotônio. Amava-a por certo, era sua mãe; mas não podia dizer que se preocupava com ela da mesma forma que com seu pai.

Augusto dava, a cada dia, sinais de seu crescimento, e Tarso ajudava-o, mostrando-lhe como deveria agir caso quisesse ser um soldado. Tarso aprendera com Augustus algumas teorias com a espada, e agora Augusto encantava-se em ver o amigo a mostrar-lhe o que aprendera com seu pai.

Rebeca achava que, talvez, se Augusto e Tarso fossem irmãos não se entenderiam tão bem. Augusto ainda era pequeno quando Tarso viera morar com eles, mas um tinha se encantado pelo outro desde o primeiro dia. E a amizade dos dois persistia até os dias atuais. Rebeca esperava que sempre fosse assim, e que a brincadeira com as armas fosse somente motivo de exibição, e não mais que isso.

Durante os primeiros anos de mandato de Dioclesiano, o novo imperador da época, a perseguição aos cristãos da época dera uma trégua. A fim de conciliar o que era de fato o melhor a ser feito, o novo imperador adquirira uma postura que não enaltecia a busca pelo que antes se considerava ser a melhor crença.

Alguns anos se passaram com relativa tranquilidade.

Rebeca certa vez questionara Augustus sobre o que ele achava ou sabia da posição do novo governador, e Augustus dissera que preferia nada dizer. Ela viu no silêncio do esposo que ele sabia de algo mais, mas que preferia não comentar.

Muitos homens achavam que algumas questões não deveriam ser ditas às mulheres, mesmo que fossem suas esposas. Permaneciam somente entre eles, o que deixava Rebeca sem saber ao certo o que deveria pensar. Seu coração muitas vezes deixava-se domar pelos que seguiam o Cristo e, neste caso, lembrava-se de sua mãe, sua família e sua amiga Amarílis. Em seu pensamento, não podia sequer imaginar que um dia sofreriam alguma punição por não seguirem as leis que até então eram ditadas em Roma.

Como Rebeca não saía muito e quase não tinha amigas, não escutava o que era dito nas ruas ou nos comércios da região. Muitas vezes perguntava à criada, quando esta ia às compras, se tinha escutado algo.

Rebeca por vezes lembrava-se de Constanza, pensando que gostaria que a mãe viesse passar uns dias com ela. Sabia que Constanza a cada dia ficava com mais idade, e talvez já não conseguisse suportar a viagem entre sua casa e a de Rebeca. Ao mesmo tempo, pensava que Constanza não vira seu filho crescer. Augusto já não tinha a presença do avô, e agora também não teria a da avó. Não crescera com os primos, tampouco brincara com eles. Ela própria não conhecia direito os sobrinhos.

Por certo, se não houvesse se mudado para Roma, estaria mais perto de todos, e Augusto teria a companhia dos familiares. Hoje via que fora providencial a atitude de Augustus em trazer Tarso para morar com eles. Por certo, ele mesmo pensara que Augusto não tinha a companhia de ninguém.

A diferença de quase dez anos entre um e outro não fora sentida, visto o amor de um para com o outro.

Rebeca sempre pensava nas questões da vida, e Otaviano fazia parte de seus pensamentos tanto quanto podia.

O tempo passava, e até mesmo Rebeca começou a sentir o peso dos anos. Já há muito deixara de questionar certos aspectos do comportamento de Augustus. O que estava feito, estava feito. Sua mãe a destinara a se casar com ele, e era com ele que seguiria os seus dias.

Porém, Rebeca sempre se questionava sobre se havia uma outra vida, como os egípcios acreditavam. Talvez isso explicasse muita coisa. Sabia que eram enterrados com seus pertences para que desfrutassem deles na outra existência, quando acordassem. Mas até mesmo aquilo tudo parecia, em alguns momentos, irreal.

Sua mãe dizia que o nazareno pregava sobre a vida eterna. Não sabia ao certo o que pensar, mas tinha a convicção de que o melhor era ter um comportamento que privilegiasse a liberdade de pensamento, pois essa era uma coisa que levaria aonde quer que vivesse. Nesse espaço poderia ter seus sonhos e vivenciar o que a vida até então havia lhe negado.

Roma já não era mais a mesma.

Rebeca quis acompanhar a criada ao fazer as compras e quem sabe ela mesma poderia escutar algo sobre o novo governo. Ela gostaria de saber sobre a conduta dos governantes, mais pela questão religiosa, pois envolvia de certa forma a vida de quem amava.

As ruas de Roma viviam repletas de pessoas, e o comércio prosperava.

Comprara algumas frutas e especiarias, mas Rebeca nada descobrira nem ouvira nada diferente do que já sabia. Melhor assim.

Rebeca agora contava 34 anos, e Augustus, 38. Ele, sempre que podia, presenteava a esposa com um colar ou uma tiara, ou mesmo um bracelete, quando era seu aniversário. Nunca se esquecera da data, e Rebeca ficava feliz por isso. Não precisava de presentes, mas gostava de ser lembrada.

E não fora diferente desta última vez.

No dia de seu aniversário, Augustus a beijara e dera-lhe uma tiara muito bonita. Disse que fora feita por um joalheiro da redondeza e que gostaria que a usasse na próxima solenidade à qual fosse com ele.

Rebeca agradeceu o presente e disse que a usaria com certeza. Beijou-o também e viu que Augustus ficava lisonjeado com seu reconhecimento.

Rebeca também recebera os cumprimentos do filho, da criada e de Tarso. Não haveria nenhuma comemoração, embora Augustus sempre gostasse de ter um motivo para celebrar.

– No próximo ano, farei algo meu, querido – Rebeca disse a Augustus.

Rebeca lembrou-se de seu pai. Gostaria de ter um abraço dele, ou mesmo da mãe. Sentia falta de sua família, mas estava longe e talvez nem tivessem se lembrado de seu aniversário.

CAPÍTULO 33

Rebeca estava certa. Sua mãe não possuía mais a lucidez de antes.

Pietro, já conformado com o estado atual de Constanza, procurava levar a vida como era possível, ofertando os cuidados de que Constanza precisava. Sua esposa também abraçara a sogra como se fosse sua mãe, e Pietro agradecia sempre essa ajuda, dizendo que não sabia o que seria dele sem ela.

Pietro e a esposa tinham vindo com o compromisso de cuidar de Constanza, visto que na última encarnação haviam sido seus algozes; nesta, faziam a todo o custo a preservação de sua integridade física, emocional e espiritual.

Do Alto, espíritos amigos reconheciam seus esforços e acompanhavam o desenrolar dessa história.

Lúcio pouco vinha ver a mãe, embora não morasse muito longe. Tinha outro temperamento e aproveitava-se do triste episódio que vitimara sua perna como desculpa por não dar a atenção devida a Constanza.

Pietro sabia bem como era seu irmão, mas não o questionava. Pietro era mais velho que Rebeca e, embora não tivesse convivido tanto com a irmã, sentia mais sua falta que de Lúcio.

Pensou em ir a cavalo contar-lhe o que estava acontecendo, mas ainda não tinha certeza de se deveria fazê-lo ou não. Comentou com a esposa, e esta achou que ele deveria ir. Pietro disse que faria isso e, caso Augustus viesse a perguntar o motivo da visita, inventaria algo, ou mesmo que estava com saudade de Rebeca, afinal, ela era sua irmã e não poderia falar nada. Se saísse logo ao nascer do sol, estaria em Roma por volta do anoitecer.

Preparou tudo na noite anterior e, como Constanza dava sinais de estar calma, aproveitaria para visitar Rebeca e contar-lhe sobre o comportamento da mãe.

Pietro sempre rezava quando sua mãe dormia a fim de que pudesse acordar lúcida e também de que se acalmasse. Ali perto, vítimas de Constanza em outra encarnação assistiam ao que chamavam de espetáculo, pois, sempre que Pietro rezava perto da mãe, era possível verem fluidos benéficos caírem sobre a velha senhora.

O duelo que se travava era entre os espíritos amigos e os que queriam ver a desgraça de Constanza. Estes últimos não a perdoavam pelo que havia feito com eles. Em encarnação anterior, Constanza os fizera escravos e punia cada um com o castigo que achava ser merecido. Muitos tinham perecido com os maus-tratos e as condições sub-humanas que Constanza havia lhes imposto. Agora era a vez deles de mostrarem a ela a punição que merecia.

Dia após dia eram combatidos, e espíritos amigos tentavam mostrar-lhes que aquela atitude não os levaria a nenhum lugar, mas somente à estagnação e a mantê-los ainda em condições desfavoráveis a seu aprendizado.

Mas eles não escutavam. Riam e debochavam dizendo que antes de Constanza aparecer eram escravos, mas não eram castigados como quando se encontravam sob as ordens dela, que em encarnação anterior tinha sido um homem responsável pelos escravos do palácio de outras terras.

Constanza viera como mulher e mãe de três filhos a fim de vivenciar, por meio da maternidade, o amor e tentar reparar, através da natividade, o abuso que perpetrara a tantas mulheres escravas sob seu domínio, impelida, à época, por seus desejos de homem.

Pietro mantinha consigo as vibrações de Teotônio, que também o auxiliavam a conter Constanza.

De manhã bem cedo, Pietro beijou a esposa e seguiu com seu cavalo para a casa de Rebeca. Sem dúvida, seria uma surpresa para ela ver o irmão.

Espíritos o acompanhavam nessa missão, e Pietro, embora receoso sobre o comportamento de Augustus, estava confiante. Talvez Rebeca viesse com ele. Aproveitaria para ver seu sobrinho e dar-lhe um abraço.

Augustus dissera a Rebeca que estaria fora por alguns dias a fim de acompanhar a compra de alguns cavalos. Rebeca sabia que Augustus era apreciado por saber escolher cavalos e sempre contavam com sua habilidade para comprar os melhores.

Tentava costurar algo quando ouviu o trote de cavalos se aproximando. O sol já se punha, e Rebeca notou que a luz começava a lhe faltar para a costura. Sua visão também começava a dar sinais de que já não era mais a mesma.

A criada abriu os portões da casa, e Rebeca viu Pietro entrar. Qual não foi sua surpresa e preocupação ao mesmo tempo!

– Meu irmão? Algo aconteceu? Que surpresa te ver – e o abraçou.

Pietro tinha algumas lágrimas a rolarem por seu rosto, e Rebeca pôde ver que algo de grave acontecia.

– Que bom poder te rever, minha irmã!

– Como está nossa mãe?

– É sobre ela que venho te falar – e Rebeca ajudou-o a tirar seu manto, pedindo que a criada trouxesse um pouco de água.

– O que aconteceu a Constanza? – Rebeca referia-se muitas vezes a Constanza como se não fosse sua mãe.

– Podemos falar a sós? – perguntou Pietro, e Rebeca pediu que a criada os deixasse sozinhos, embora nada tivesse a lhe esconder, pois não a considerava apenas uma serviçal.

– Nossa mãe esta à beira da loucura. Há tempos queria ter vindo falar-te, mas, por conta de Augustus, evitei ao máximo estar aqui.

– Mas o que tem acontecido?

– Nossa mãe esbraveja o que pensa sobre sua fé, tendo perdido a noção de que sua vida corre risco com tal atitude. Já não sei mais o que fazer, a não ser rezar e pedir ajuda a papai para que, de onde quer que esteja, interceda por nós.

Rebeca acreditava ser verdade o que dizia seu irmão, senão não teria se deslocado até ali.

– Irei vê-la contigo e ficarei alguns dias. Augustus saiu para a compra de cavalos e permanecerá fora por um tempo. Aproveitarei sua ausência e irei vê-la. Mas agora venha lavar-se e tirar a roupa empoeirada da estrada.

Pietro viu aproximar-se o pequeno Augusto, notando que já não era tão pequeno assim.

– Quem é este homem, mamãe? – perguntou Augusto.

– Teu tio, meu querido filho – e Pietro abraçou-o como se fosse o próprio filho.

– Estás um homem por certo – disse o irmão, e Rebeca viu a emoção em seus olhos.

– Não me lembro dele, mamãe!

– É certo; você era muito pequeno quando viemos morar aqui em Roma.

– Como te chamas? – perguntou Augusto.

– Pietro, meu caro – e Augusto olhava-o admirado.

Pietro riu da franqueza de Augusto. Crianças eram sinceras e certamente gostaria de ouvir o que achara a seu respeito.

– Sabes lutar com uma espada? – perguntou Augusto.

– Não, meu caro, não sou bom nisso. Sei cuidar da terra, plantar sementes e vê-las crescer para depois colhê-las.

– Mamãe disse que vovô fazia isso, não é, mamãe?

– Sim, meu querido. Teu avô foi quem ensinou teu tio a cuidar da terra. Mas vamos deixar teu tio descansar um pouco. Depois perguntarás a ele o que quiseres.

A sós, Pietro conversava agora com Rebeca, que pôde ficar a par de tudo. Ela pediu que a criada arrumasse acomodações para seu irmão e, depois da ceia, conversaram mais um pouco. Augusto agora já dormia, e Pietro confessou o que temia que acontecesse.

Rebeca, por sua vez, falou que os tempos pareciam ser outros, mas que era bom que tivessem cuidado. Iria com Pietro no dia seguinte ver Constanza, mas não levaria Augusto, pois temia o que o menino poderia ver caso Constanza viesse a perder a lucidez novamente.

CAPÍTULO 34

Depois das recomendações feitas à criada, Rebeca partiu com o irmão Pietro rumo à casa de sua mãe. Disse que voltaria em no máximo cinco dias. A criada falou que não ficasse preocupada e que, se o sr. Augustus voltasse, diria algo sobre a saúde de Constanza que não fosse a verdade.

Rebeca mais uma vez pôde contar com a ajuda da criada, e partiram.

Era bom poder cavalgar por entre os campos. É verdade que no momento não tinha leveza na alma para observar a paisagem a sua frente. Estava preocupada com o que Pietro lhe contara. Talvez fosse necessário algum medicamento para que Constanza fosse dominada. Será que existia algo que pudesse ser dado a ela? Ervas já tinham sido feitas com esse intuito, mas muitas vezes Constanza não queria beber o preparado ou jogava longe a bebida oferecida.

Rebeca pouco podia fazer indo até lá, mas tentaria ver a reação de Constanza para com ela e, quem sabe, poderia conversar um pouco a fim de acalmá-la.

Ainda teriam de percorrer muito, mas Rebeca pediu que o irmão parasse um pouco. A náusea se fez presente, depois de tanto tempo. Talvez não tivesse se alimentado direito antes de partir.

Pietro aproveitou e deu água aos cavalos, comendo ele uma fruta. Rebeca também tentou comer algo, mas nada a apetecia. Achou melhor prosseguir.

Durante todo o caminho, Rebeca oscilava entre a melhora e o desconforto que sentia. Mais uma vez, pôde observar sua velha casa à frente. Mais uma vez estava de volta, mas nesta ocasião não veria seu querido pai. Lágrimas escorreram por seu rosto.

Pietro sabia o que se passava no coração da irmã e segurou sua mão como que a lhe dar a coragem necessária.

Rebeca agradeceu por ter Pietro a seu lado. Era sem dúvida um homem bom e amava-o como a seu filho.

A esposa de Pietro recebeu-os com um abraço, dizendo que Constanza estava bem. Pietro ficou aliviado, e Rebeca entrou no cômodo onde estava Constanza junto do irmão.

– Mamãe, olhe quem trouxe para te visitar.

Constanza olhou para Rebeca. Sua lucidez ainda não a deixara de todo.

– Sei bem quem é, Pietro.

Pelo tom de voz, Pietro e Rebeca viram que Constanza sabia de quem se tratava.

– Como estás passando, mamãe?

– E tu? Como estás? Ainda mora junto de quem não perdoa os que não seguem os deuses?

Rebeca viu que teria de ter paciência e respondeu:

– Augustus está bem, e teu neto também!

Constanza sabia que não obtivera a resposta que gostaria, ou melhor, os companheiros que estavam ali a seu lado viram que seus objetivos não tinham sido alcançados.

– Sentes alguma dor? – perguntou Rebeca, e Constanza fez que não com a cabeça.

A esposa de Pietro disse que a ceia estava pronta e convidou-os a vir comer algo. Rebeca ajudou Constanza a se levantar, mas esta recusou seu auxílio.

Pietro fez uma oração antes de iniciar a refeição, e Rebeca lembrou-se do pai. Há muito tempo não rezava antes das refeições a agradecer o pão em sua mesa. Terminada a oração, todos comeram em paz.

Pietro olhava para Constanza, que revirava a comida e, uma vez ou outra, levava-a à boca. Constanza emagrecera, mas parecia que nenhuma enfermidade era responsável por esse emagrecimento.

Sentaram-se juntos à lareira, que estava acesa. As noites ali estavam mais frias, e era preciso aquecer a casa.

Constanza olhava para Rebeca, que se perguntava o que estaria passando pela cabeça da mãe. A velha senhora ficou mais um pouco e depois disse que iria se deitar.

Rebeca novamente tentou ajudá-la, mas Constanza recusou. Havia sempre uma animosidade entre elas. Em determinados momentos, não pareciam ser mãe e filha.

Pietro disse a Rebeca que não ficasse triste com isso, e ela sabia que o irmão falava no intuito de ajudar.

No dia seguinte, Rebeca olhava os campos ao redor da casa dos pais e viu que lá também algo havia mudado. Existiam mais casas, e pôde ver algumas crianças brincando atrás de pequenas ovelhas.

Riu e lembrou-se de sua infância. Seria melhor para Augusto que estivesse sendo criado ali, com todo aquele verde em volta e os animais a lhe fazerem companhia. Augusto não tinha amigos além de Tarso, e agradecia por este estar presente junto a seu filho.

Constanza recusara-se a comer, e Rebeca ouviu um grito vindo de lá de dentro. Foi até o cômodo e viu a esposa de Pietro a reunir os pedaços do que Constanza havia jogado longe. Esta a olhou e disse:

– Queres me levar às feras? Pois bem, podes me levar. Não seguirei outro que não seja o Cristo.

– Que dizes, mamãe? Não a levarei a lugar algum. Vim te ver. Estava com saudades.

– Mentira. Nunca gostaste de mim. Gostavas só de teu pai, e, agora que ele não está, queres que eu morra também.

– Não digas isso, mamãe. Quero o teu bem, assim como o de todos aqui.

Pietro saíra para trabalhar, pois tinha uma encomenda de frutas a ser entregue, e sua esposa fez um gesto com a mão, pedindo que Rebeca não levasse em conta o que Constanza dizia.

A velha senhora, por fim, conseguiu adormecer como se houvesse tomado algo. A esposa de Pietro contou que isso acontecia muitas vezes.

Ali perto estavam Teotônio e os benfeitores, que tinham induzido Constanza ao sono para que se acalmasse. Os companheiros de Constanza não gostavam quando isso acontecia e decidiram ir embora.

Teotônio fez uma prece agradecendo a Deus ter conseguido estabilizar Constanza mais uma vez.

Rebeca então foi para o outro aposento e sentou-se. Conversou um pouco com a cunhada sobre a situação da mãe, percebendo que o irmão não mentira em nada. Perguntou sobre Lúcio, e esta respondeu que não o via há algum tempo. Rebeca indagou se não seria melhor dividir com ele as responsabilidades do cuidado com Constanza, mas a cunhada disse não acreditar que poderia ter alguma ajuda.

Agora via seus sobrinhos entrarem: uma menina de dez anos e um menino de doze. Abraçou-os, e a reação deles não foi diferente da de Augusto.

Rebeca viu que todos podiam estar juntos se estivesse morando ali, mas que o tempo passara e não seria possível voltar atrás.

Pietro, de volta, abraçou a irmã, e esta falou sobre querer fazer mais por Constanza, mas o temia por causa de Augustus, e Pietro sabia que em seu coração Rebeca faria algo, se pudesse.

A vigília de Teotônio, por sua vez, era incessante. Rebeca certa vez estava perto de Constanza, que dormia, e pôde sentir a presença de seu pai. A emoção invadiu-lhe o peito, e pediu que ele, sempre que pudesse, ajudasse a mãe e seu irmão. Teotônio, emocionado, fazia todo o possível para estar ao lado da esposa, mas sabia que muito de nosso destino estava em nossas próprias mãos. Não poderia afirmar até quando seria capaz de lutar contra os que queriam que ela perecesse.

Rebeca permaneceu durante quatro dias na casa que agora era de Pietro também e despediu-se do irmão dizendo que esperava que ele ficasse bem. Foi até o cômodo onde estava Constanza e beijou-lhe a testa, segurando sua mão.

Constanza olhou para Rebeca como que em despedida. Uma lágrima escorreu de seus olhos, e seu coração sabia que era a última vez que veria sua filha.

Rebeca pôde ver no olhar da mãe uma tristeza ou algo que não sabia identificar. Emocionou-se. Era sua mãe, e, embora a relação de ambas nunca tivesse sido de carinho, ela a amava.

Constanza fechou os olhos e adormeceu novamente.

Rebeca saiu do cômodo e montou o cavalo que Pietro segurava.

– Vá em paz, querida irmã – disse Pietro.

– Fique você com ela – respondeu Rebeca, voltando-se em direção a Roma.

CAPÍTULO 35

Rebeca retornava a Roma e fazia de cada cavalgada uma retrospectiva de sua vida.

Vivera com os pais e os irmãos, casara contra sua vontade, tivera Augusto, mudara-se para Roma, perdera o pai e agora via sua mãe naquele estado. O que mais a vida lhe reservaria? O que mais poderia esperar da velhice à qual todos chegariam? Talvez teria netos e poderia lhes passar tudo o que aprendera. O que de fato poderia ensinar a eles? Faria como o pai: mostraria o valor de algumas coisas.

Que saudades tinha de seu pai! Se pudesse, teria permanecido todos os dias a seu lado. Mas a vida os distanciara e levara consigo somente seus ensinamentos.

Augusto, seu filho, também não teria a companhia do avô, e entristeceu-se com isso. Perdera sem dúvida a companhia de um dos melhores homens que a Terra já tivera. Sim, porque seu pai era um homem sábio e de caráter – caráter esse que até então não pudera ver em outros homens. Pietro assemelhava-se a ele em algumas particularidades, mas estava longe de ser igual ao pai.

Augustus, infelizmente, não tinha nada em comum com Teotônio.

E quanto a Otaviano? Em relação a isso, nada poderia dizer. Não o conhecera e ainda não o conhecia o suficiente. Parecia que seus olhos diziam algo que ia ao encontro do que sua alma ansiava, mas a certeza... isso ainda não tinha.

Dentro de mais ou menos cinco horas chegaria a Roma. Cobriu a túnica com outro manto. Estavam mais frios aqueles dias, e seguiu sua cavalgada.

Rebeca gostava de estar sozinha, pois podia pensar livremente. As pessoas por vezes pareciam saber o que estava pensando, e a sós sentia-se mais à vontade.

O novo governo que Roma agora possuía tivera algumas mudanças sociais para seus cidadãos, mas algo dentro dela ainda não lhe dava a tranquilidade necessária com relação à perseguição de quem seguia o Cristo.

Por que os homens não podiam ser livres para terem sua fé da forma que lhes fosse mais conveniente? Quem teria a razão? Aquelas eram questões que não lhe cabiam conhecer. Sabia dentro de si que algo ia além do que os olhos podiam ver. Sim. Essa era uma certeza que lhe ia na alma. Não era capaz de precisar o porquê, mas pensava que deveria haver uma explicação para muitas das coisas que via ou sentia, e não era a razão que a convenceria do motivo.

Subira uma colina, e o cavalo dava agora sinais de cansaço. Tinha ele há dez anos e preferia-o a montar qualquer outro. Será que ele também estava ficando velho? Quem sabe? Parou e deu-lhe de beber.

Do alto, tinha uma noção de tudo. Ao longe via Roma e em pouco tempo estaria em sua casa. Esperava que todos estivessem bem. Não trazia muitas notícias, nem boas, nem más, só a certeza de que os tempos eram outros e que hoje Pietro assumia a casa que fora de seu pai.

Subiu novamente em seu cavalo e continuou. Começava a anoitecer, e não queria cavalgar à noite.

Augusto e Tarso conversavam, e Tarso sentiu o trote dos cavalos. Abriu o portão e ajudou Rebeca, que estava um pouco pálida.

– Dê-me a mão, senhora.

Rebeca ficou feliz com a ajuda de Tarso. Ele mudara muito. Era um homem, e sentiu confiança em sua mão firme para descer.

– Obrigada, meu querido – disse.

A criada veio também a seu encontro e a ajudou.

– Como te sentes, senhora? Parece-me indisposta.

– Só um pouco enjoada. Acho que não me alimentei direito devido à viagem, mas logo vou melhorar.

Augusto ajudara Tarso com alguns doces que a esposa de Pietro mandara para todos.

– Mamãe, eu poderia ter ido com você. Já sou um homem e poderia ter ajudado – falou Augusto.

– É verdade, meu querido. Da próxima vez, virás comigo, está certo? – e Augusto ficou feliz com a promessa.

Depois de tirar o manto e lavar-se, Rebeca tomou um caldo feito pela criada e sentiu-se melhor.

Augustus ainda não voltara, e ela agradeceu aos deuses sua permanência fora enquanto ela não estava ali. Rebeca pensou que Augustus poderia ter outras mulheres. Será que permanecera sozinho durante todo esse tempo? Certamente que não. Não que o amasse, mas também não apreciava que fosse se deitar com outras mulheres e depois viesse dormir em seu leito.

Em Roma, já não sentia o frio da estrada. Não sabia se era o calor do caldo que havia tomado ou o ambiente, mas agora sentia calor. Levantou-se e foi respirar ar puro. Pediu à criada que fosse com ela.

Rebeca aproveitou o momento que tinham a sós para contar-lhe o que tinha visto na casa da mãe. Falou de seus medos e que não imaginava vê-la em tal estado. Disse que a mãe não parecia ser ela em alguns momentos, embora não soubesse explicar como isso poderia acontecer.

A criada ouvia atentamente tudo que sua senhora dizia e falou que faria uma oração pela mãe dela.

Rebeca precisava dividir aquilo com alguém. Sabia que com Augustus isso era impossível e pediu sigilo à criada, embora soubesse de sua discrição. Sentia-se melhor agora; foi deitar-se. Estava cansada e queria repousar.

Rebeca dormiu rapidamente. O ar da noite que entrava pela janela e o cansaço fizeram-na logo adormecer.

Em seu sonho, viu os campos onde morava, e Amarílis acenava-lhe. Ficou surpresa em vê-la e, quando tentava se aproximar, Amarílis sumia.

Depois viu Otaviano cavalgando, e seu olhar para ela transmitia-lhe algo que não podia entender. O que será que queria dizer? Pediu que ficasse mais tempo, mas também ele se fora.

Logo após viu seu pai sentado em um pequeno tronco, como que a esperá-la. Rebeca foi ao seu encontro, e Teotônio a abençoou.

– Papai, que saudades!

Rebeca contou a Teotônio sobre a mãe, e ele a olhou como se já soubesse de tudo. Abraçou-a, e Rebeca acordou gritando por seu nome.

A criada correu a acudi-la, e Rebeca contou que sonhara com o pai. Ela então deu-lhe um pouco de água para beber. Junto a Rebeca, fez uma oração, e esta acalmou-se e voltou a dormir.

Embora adormecida, Rebeca não conseguiu mais que seu sono fosse tranquilo. Sonhou que Augustus se ferira e viu sangue em suas vestes. O esposo a olhava com uma mescla de raiva e indignação, e Rebeca tentava conter o sangue de seu ferimento.

Acordou de novo e viu que ele não estava mais a seu lado. Foi até o aposento onde Augusto e Tarso dormiam e tranquilizou-se ao ver que lá estava tudo bem. Sabia que não conseguiria mais conciliar o sono. Olhou para o céu e viu o sol, que começava a nascer. Esperava que Augustus retornasse são e salvo, e que seu sonho não tivesse nada de real.

A criada levantou-se e viu que Rebeca já estava de pé.

Rebeca contou-lhe sobre o sonho, e a criada tentou tranquilizá-la, mas Rebeca sabia que apenas quando visse Augustus sem nenhum ferimento é que realmente ficaria bem.

CAPÍTULO 36

Por volta do meio-dia, Rebeca ouviu vozes e um trotar de cavalos.

Augustus chegara, e pôde ver que não possuía nenhum ferimento. Trazia consigo alguns cavalos, e dois homens o acompanhavam.

Rebeca saiu e foi recebê-lo.

– Vejo que estás bem – falou Rebeca.

– Sim, minha querida! Por que não haveria de estar? – disse Augustus.

– Demoraste muito desta vez.

– É verdade. Fui ver os cavalos, mas não haviam chegado todos e tive que esperar. Mas, como vês, estou aqui ,e forte como um touro – e a beijou .

Rebeca ficou sem graça com sua atitude, afinal, estava com outros homens que não conhecia. Foi apresentada a eles, mas procurou ficar o menor tempo possível ali.

Augustus entrou com eles a fim de se refrescarem e tomarem um pouco de água. Pediu à criada que pusesse mais dois lugares, pois os homens iriam almoçar ali.

Rebeca percebeu que aqueles eram homens de sua confiança, caso contrário, não os sentaria à mesa.

Após o almoço e ter mostrado os cavalos para Tarso e Augusto, Augustus agora os conduziria a seu destino. Teria de levá-los naquele mesmo dia ao imperador para aprovação, pois um deles seria talvez de uso do próprio.

Rebeca falou à criada que tivera apenas um sonho, pois Augustus não estava ferido, embora ainda não estivesse completamente tranquila.

Augustus voltou para o jantar e disse que estava feliz em retornar a sua casa.

Rebeca tratou-o como a um rei, passando uma mistura de óleo e ervas em suas costas a fim de relaxar as dores provocadas pelas acomodações nas quais dormira durante os últimos dias. Após a massagem, ele adormeceu profundamente. O cansaço e o alívio das dores fizeram com que se esquecesse de Rebeca, e ela agradeceu por isso.

No dia seguinte, Augustus comentou que ficaria em casa para descansar. Rebeca contou-lhe então que fora visitar a mãe e que seu estado de demência era galopante.

Augustus disse que fizera bem em visitá-la, só não gostou de ter deixado Augusto sozinho, embora com a criada, mas reconheceu que, para Pietro ter vindo até ali, algo grave deveria ter acontecido.

Rebeca não gostava de mentir e achou melhor dizer a Augustus que Constanza não estava em seu juízo, embora sem entrar em detalhes sobre suas crises.

Augusto agora queria a atenção do pai, que lhe explicava como escolher um bom cavalo. Rebeca olhava a cena e ficava feliz em ver que os dois se davam bem. Augusto já estava bem alto e a cada dia tornava-se um belo rapaz.

Tarso, por sua vez, tornara-se um homem, e Rebeca procurava desviar a atenção quando percebia o olhar dele para ela.

Rebeca sentia-se muito sozinha. O fato de ter se casado com alguém que não fora ela que escolhera ainda hoje não a agradava, embora já houvesse se acostumado a Augustus e passara a amá-lo do seu jeito.

Certa vez, Rebeca quis fazer compras, e a criada pedira a Tarso que a acompanhasse, já que no momento não poderia deixar o que estava fazendo.

Rebeca pediu que fossem com sua pequena carroça, pois precisariam trazer algumas reservas de alimentos, e sentiu a cada ajuda oferecida por Tarso sua virilidade.

Os dias passavam, e Rebeca e Tarso tornavam-se mais e mais íntimos.

A criada certa vez falara ao filho sobre essa proximidade, e Tarso alegara ter Rebeca como uma mãe, afinal, fora ainda criança para lá. A criada reconhecia que talvez fosse só isso mesmo: os anos de convivência haviam feito que a tivesse em seu coração.

Augustus conversava com Rebeca sobre o filho, e Rebeca pediu que não o tornasse um soldado ou algo assim. O esposo disse que aquela era a vontade de Augusto – ele queria ser igual ao pai ou quem sabe chegar ao posto mais alto do exército.

Rebeca sentiu que não conseguiria domar os instintos do jovem filho; pouco poderia fazer a esse respeito.

Tarso já servia junto de Roma, e Rebeca percebeu que a casa ia ficando vazia dia após dia.

Passaram-se alguns anos, e Rebeca ouviu rumores de que alguns cristãos estavam sendo novamente perseguidos. Apiedou-se com a notícia, mas Pietro contara por mensagem que sua mãe, embora com idade já avançada, não tinha tantas crises, e isso tranquilizou seu coração.

O que Rebeca não sabia era que Teotônio e outros benfeitores tinham conseguido afastar quase por completo a influência que Constanza vinha sofrendo, por isso as crises haviam diminuído. Eles procuravam orientar as entidades perversas sobre o mal que faziam a Constanza, alertando ainda que aquilo não os ajudava em nada. Muitos, ao longo dos anos, convenceram-se do fato, mas outros ainda persistiam em querer prejudicá-la.

Roma, aos poucos, adquirira dias de aflição, tristeza e revolta por parte de quem perecia junto às arenas.

Em alguns momentos, gladiadores entravam a fim de travarem batalhas entre si, o que era chamado de "pão e circo", visto que alimentava-se quem assistia e dava-se divertimento à população.

Rebeca ficava horrorizada com tal atitude por parte dos governantes – como podiam fazer aquele espetáculo de horror ser transformado em divertimento para a população?

Augustus muitas vezes comentava sobre o que vira, e Rebeca chegou a discutir com ele sobre não querer ouvir mais em sua casa tal monstruosidade. Pediu que Augusto fosse poupado de ver esses espetáculos, mas o esposo disse que já não lhe cabia mais permitir ou não, visto que Augusto tornava-se um homem.

Tarso, vendo a aflição de Rebeca, procurou tranquilizá-la, dizendo que faria o possível para que Augusto não presenciasse tal cena. Rebeca sentia o carinho de Tarso por ela e agradeceu sua ajuda.

Mais anos se passaram, e certo dia Rebeca lembrou-se de Otaviano. Nunca mais soubera dele nem o vira. Será que não redigia mais documentos para Roma? Não queria perguntar a Augustus, pois aquela pergunta não faria sentido para ele.

Otaviano, por sua vez, estava mais próximo dela do que imaginava. Embora Rebeca não o visse, mudara-se para Roma a fim de prestar seus serviços, de forma a ficar mais próximo do senado.

Rebeca ouvira certa vez que as multidões deliravam com aqueles horrendos espetáculos, e perguntou à criada como isso podia acontecer. A criada comentou que teriam de rezar muito por essas tristes vidas, e Rebeca falou que deveriam ter cuidado para que elas mesmas não perecessem.

Certo dia, enquanto costurava, Rebeca sentiu um aperto no peito, embora não estivesse passando mal. Era uma angústia repentina cujo motivo não sabia explicar. Lembrou-se da mãe. Novamente, aquela sensação que tivera com Teotônio. Algo estava acontecendo.

Tentou se acalmar e pediu aos deuses que olhassem por todos eles.

Soubera que o imperador havia ordenado uma perseguição impiedosa aos cristãos, fosse qual fosse a idade deles, e que se fizesse cumprir a sentença dada aos que fossem contrários às leis que Roma exigia.

Rebeca viu que os tempos de calmaria haviam acabado. Quando a paz retornaria, não saberia dizer.

Precisava ter notícias dos seus, mas era perigoso ir vê-los e também não se sentia mais em condições de cavalgar por tanto tempo. Enviaria uma mensagem e aguardaria as notícias que viriam.

CAPÍTULO 37

Rebeca pediu à criada que um mensageiro viesse até ela, pois teria uma mensagem para mandar. A criada largou seus afazeres enquanto Rebeca escrevia uma carta. Nela, pedia informações sobre se tudo ia bem com Constanza e os demais. Contava sobre os rumores e o que sabia estar acontecendo, e pediu que Pietro a informasse sobre as novidades o quanto antes.

Assim que o mensageiro saiu de sua casa, Rebeca tentou se acalmar. A criada ofereceu-lhe um pouco de água, e ela sentou-se a fim de acalmar o coração.

Pietro levava a vida plantando e colhendo. Contudo, soubera que Roma, novamente, prescrevera sentenças a quem ousasse seguir leis contrárias ao que fora expedido.

Constanza passava os dias como que voltada a si mesma. Fazia as refeições, mas parecia em transe e distante de tudo o que se passava.

Pietro acreditava não ter mais problemas dessa ordem. Sua esposa e ele tinham fé no nazareno, mas eram conscientes do que era possível ser feito a esse respeito.

A esposa de Pietro, Aline, recebera a mensagem de Rebeca e a mostrara a ele assim que esta chegou. Pietro acreditava que, para Rebeca mandar-lhe uma mensagem, deveria estar realmente preocupada, mas tratou de lhe escrever que por lá estava tudo bem.

Tarso viu, pelas feições de Rebeca, que ela não estava bem. Perguntou-lhe então:

– O que tens, senhora? Vejo uma aflição em teu rosto.

– É verdade, meu caro. Mas nada que o tempo não leve.

Tarso não entendeu direito o que Rebeca quis dizer, mas disse-lhe que podia contar com ele para o que fosse preciso. Rebeca agradeceu novamente. Outrora Tarso já se manifestara sobre qualquer coisa que precisasse e sabia que podia contar com sua ajuda.

No dia seguinte, a mensagem de Pietro chegou às mãos de Rebeca. Ao lê-la, viu que sua intuição a tinha enganado. Por lá tudo estava bem e não havia motivos para que se preocupasse. Sentiu-se aliviada e comentou com a criada sobre o conteúdo da mensagem.

No infinito, as legiões de espíritos amigos oravam e aguardavam as provas terrestres dos necessitados.

O sangue que era derramado e as centenas de vidas ceifadas devido à barbárie cometida por mentes ensandecidas espalhavam o caos em Roma e também por terras além. A cada hora, fazia-se necessária a prece.

Rebeca escutava aqui e acolá muitas coisas sobre as arenas e as vidas que lá se perdiam, mas lembrava-se da mensagem de Pietro e tentava tranquilizar-se.

Augustus não comentava nada sobre isso com Rebeca; preferia poupar-lhe dos episódios que se seguiam. Certo dia, disse a Rebeca que levaria Augusto com ele a fim de que aprendesse sua função. A esposa pediu que não fizesse isso, mas o próprio Augusto falou que queria ser igual ao pai, e Rebeca pouco pôde fazer.

Tarso sentia que Rebeca tornava-se cada vez mais frágil, e a cada dia aproximava-se mais dela.

Rebeca, por sua vez, ao ver Augusto se afastar dela e entrar para um caminho com o qual não concordava, aproximava-se também de Tarso.

Certo dia, a sós, pois Tarso não estava em serviço, ele convidou Rebeca para um passeio, e esta aceitou, mesmo após não montar há tanto tempo.

Rebeca sentiu-se como quando era mais nova. Todo o passado veio à sua mente e desejou permanecer assim. Mas o tempo não era mais o mesmo, e Rebeca voltou a si com o toque das mãos de Tarso.

– Senhora, está tudo bem?

– Sim, meu querido. Estava me lembrando de quando era mais nova.

– Pelo que vejo, ainda o és, ou pouco mudaste desde então.

– Obrigada pelo elogio. Talvez não tenha mudado tanto por fora, mas minha alma a cada dia torna-se mais velha. Já não sou mais a mesma. Verás tu também que o tempo trata de nos modificar.

– Acredito no que falas. Mas espero que eu leve comigo algumas boas lembranças deste tempo – e aproximou-se de Rebeca, beijando-a.

Rebeca, surpresa com a atitude de Tarso, tentou se afastar, mas acabou entregando-se a ele, e permaneceram por um tempo um nos braços do outro.

Arrependida, mas feliz ao mesmo tempo, Rebeca pediu a Tarso que esquecesse o que ocorrera, embora ela mesma soubesse que não esqueceria. Precisava de um braço amigo, e a atenção ofertada nos últimos tempos, em que se sentia tão sozinha, fora responsável pelo que havia acontecido.

Tarso disse:

– Não sei se conseguirei esquecer, senhora, mas peço que confies em mim mais uma vez, e morrerei pela espada, mas nunca direi nada do que houve.

Rebeca agradeceu, e voltaram para Roma.

Augustus já havia chegado com Augusto e perguntou sobre onde estivera. Rebeca disse ter pedido a Tarso mudas para plantar, e ele falou que sabia onde havia várias delas, levando-a para ver se eram realmente o que queria.

O esposo fez o possível para acreditar. Sabia que Rebeca gostava de plantas e flores, mas a criada poderia ter feito isto.

Rebeca, por sua vez, sabia que Augustus não acreditara em uma única palavra, mas não sabia se devia se preocupar com isso ou não.

Augusto vinha com novidades sobre o que aprendera em Roma, e Rebeca lançava ao marido um olhar de represália por ter levado o filho a um caminho com o qual não concordava, mas pouco podia fazer além de orar.

Naquele dia, Rebeca entregara-se mais a seus pensamentos, pois sentia-se sozinha. Tarso fazia-lhe companhia quando era possível e quando não estava a serviço de Roma.

Tarso não era um soldado de batalhas. Permanecia mais nas funções de guarda, pois dizia que não queria ser responsabilizado pelo sangue de vidas em suas mãos. Rebeca apreciava essa postura. Ele não estudara o suficiente, como Augusto, e não tinha condições de ser doutor. Augusto já tivera os ensinamentos, mas preferira as armas. Como era a vida, pensava Rebeca.

Tarso via os olhares de Augustus para ele e percebia que algo havia mudado. A afinidade de antes dera lugar à desconfiança, e Rebeca sabia que não podia se permitir novamente o que acontecera.

Augusto sentia-se orgulhoso de se vestir como um soldado, e Rebeca temia pelos seus anseios.

Augustus havia dito que já estava ficando velho e ficava feliz em ver o filho seguindo seus passos. As perseguições continuavam mais ferrenhas a cada dia, e Augusto chegara a comentar que faria qualquer coisa para seguir as ordens de Roma e usar a espada se preciso fosse.

Rebeca olhara para o filho à sua frente e não queria acreditar no que ouvira. Aquele sem dúvida não era mais seu menino. Tornava-se a cada dia um homem que pensava não conhecer. Pediu aos deuses que Augusto não seguisse adiante com esses pensamentos e, após ouvir tais palavras, levantou-se e não quis mais jantar.

Tarso olhou a expressão de seu rosto e imaginou como se sentia.

A criada sabia que Tarso tinha sentimentos para com Rebeca, mas não sabia dizer até que ponto isso acontecia.

Rebeca olhava agora o céu. Seu pai sempre vinha-lhe à mente, como que a tranquilizá-la e protegê-la. Queria que estivesse ali com ela.

Teotônio estava, em pensamento, sempre ligado a Rebeca e aos seus. Fazia o que era permitido pela espiritualidade, pois não podia interferir na vida de ninguém. O livre-arbítrio de cada um dava o direcionamento a suas vidas.

Rebeca pediu a proteção de Teotônio para seu filho e também para ela. Teotônio, por sua vez, em suas preces, orava e pedia que Rebeca tivesse forças para enfrentar seu destino.

Rebeca sentia-se confortada sempre que pedia auxílio do pai e, após olhar mais uma vez o céu, foi deitar-se.

CAPÍTULO 38

Rebeca morava em Roma, mas longe dos centros e das multidões. Embora Roma já não fosse mais a mesma em questão de desenvolvimento e populacional, Rebeca estava afastada de tudo o que ocorria.

O espetáculo que acontecia e fazia delirar a multidão ocorria longe dali.

Certa vez, seu filho Augusto convidara Rebeca para ver, junto de Augustus, um espetáculo de gladiadores. Rebeca não quisera ir. Sabia que ali haveria duelos e não queria participar disso. Ela olhava para Augusto e se perguntava onde errara em sua educação.

Augusto sempre morara longe das multidões e tivera poucos amigos. Poderia se dizer que era até tímido. E hoje estava ali a sua frente, praticamente um homem, sem se assemelhar em nada a seu pequeno Augusto. Hoje seu comportamento era destemido, e acreditava que nem o próprio Augustus havia se portado como ele agora. Um sentimento de medo se apossou dela; temia pelo que seu filho poderia vir a se tornar.

Rebeca passava alguns dos dias fazendo muitas vezes o que menos gostava, que era bordar ou costurar. Hoje aquilo para ela era um passatempo, embora com a costura muitas vezes deixava-se cair em pensamentos, parecendo estar em transe. Esforçava-se, contudo, para que isso não acontecesse.

Certa vez, lembrou-se de Otaviano. Não o via mais. Pensou também em Tarso. Não agira corretamente ao estar junto dele, mas talvez, se tivesse estado com Otaviano, isso não teria acontecido.

Não amava Tarso, mas gostava de sua companhia. Era calmo e passava-lhe a sensação de estar protegida, fato que nunca acontecera com Augustus. Aliás, era com ele que se sentia menos protegida.

Quanto a Otaviano, não sabia dizer o que sentia. Estivera com ele pouquíssimas vezes, mas o que podia dizer era que parecia conhecê-lo há mais tempo. Não sabia explicar, mas tinha a sensação de algo familiar nele. Quando pegara em sua mão para ajudá-la a entrar na liteira, seu toque fora infinitamente familiar, e seu olhar dizia-lhe algo que até então nem Augustus nem Tarso haviam conseguido transmitir a ela.

O tempo era responsável por tudo. Será que envelheceria com Augustus ou sozinha? Hoje isso já não a preocupava mais. O que quer que fosse lhe acontecer, talvez o destino, ou os deuses, haviam determinado para ela.

Será que falhara com os deuses? Será que prometera algo e esquecera? Acreditava que não. Rebeca não era de ofertar nada, embora muitas vezes quisesse tê-lo feito. Mas em seu íntimo não sabia ao certo o que os deuses podiam realmente fazer sobre a vida de cada cidadão.

Lembrou-se de sua mãe e de sua fé. Como estaria ela? Esperava que bem, como dizia a mensagem de Pietro.

Na casa de Pietro, Aline revezava-se com ele nos cuidados para com Constança. Cuidava dela como se fosse sua mãe, e, do Alto, espíritos amigos viam que Pietro e Aline correspondiam aos compromissos assumidos antes de reencarnarem.

Lúcio, o irmão mais velho, nunca ficara realmente curado de seu ferimento na perna. Agora, mais velho, não trabalhava tanto em seu comércio, pois precisava de repouso por causa da perna. Perguntava-se muitas vezes por que precisava passar por aquilo; por que não era saudável e necessitava ficar ali preso a uma cadeira ou cama para que não piorasse.

Pietro, ao contrário, era um homem saudável, e seus bons pensamentos ajudavam-no a ter sempre boas companhias espirituais, que não o deixavam se afastar do caminho do bem.

Haveria um espetáculo de gladiadores e mambe, e Augustus dissera que gostaria que Rebeca fosse. Lá estariam alguns amigos e autoridades, e pediu que o acompanhasse.

Rebeca não queria ir, mas viu que Tarso iria e, desta forma, achou-se em segurança e concordou. Temia, no entanto, o que seus olhos poderiam ver, mas acreditava que Tarso a protegeria e até a traria de volta para casa, caso sentisse a necessidade de voltar.

Os soldados muitas vezes invadiam casas à procura de cidadãos que seguiam outra fé. Aldeias eram tomadas.

Onde Constanza e Pietro moravam, nem uma única palavra era dita, mas o comportamento de Constanza era conhecido de todos, embora já não mais falasse nem saísse da cama.

Certo dia, Pietro fora para o trabalho, como sempre fazia, e Aline ficara só com Constanza, como sempre acontecia.

Alguns soldados estavam aqueles dias ali pelas redondezas verificando se lá os habitantes se guiavam pelas leis estabelecidas. Aline revezava-se em oração, e todos procuravam levar a vida como se a presença dos soldados não interferisse em nada.

Em certa ocasião, um homem que cuidava de animais fora encurralado pelos soldados e questionado sobre se sabia de algo ou alguém que não devotasse a vida ao que Roma exigia. Vendo o pânico em seus olhos, um dos soldados inquiriu-o novamente, e o pobre homem disse que falavam de uma velha senhora. Os soldados então perguntaram onde ela morava, e o homem, sem saída, indicou o caminho. Os soldados dirigiram-se para lá e invadiram a casa de Constanza, que já não respondia à invasão.

Aline assustou-se, mas não teve tempo para nenhuma reação. A espada de um dos soldados pôs fim à sua vida e à de Constanza. Os moradores ouviram os soldados e permaneceram em suas casas, mas, assim que puderam, foram avisar Pietro, que, ao chegar, pôde constatar a triste cena. Abraçou sua jovem esposa como que a poder ressuscitá-la, e via agora a mãe, que jazia sem vida também. Sua vida fora salva por estar longe dali, mas de que valia agora viver?

Lúcio soube do acontecido, mas não pôde ajudar o irmão devido a sua enfermidade. A dor também o perpassou, mas nada mais podia ser feito.

Pietro, após o funeral da mãe e da esposa, pensou em avisar Rebeca, mas temeu que perecesse também e calou-se. Fechou sua casa e com ela tudo o que havia lá.

Teotônio observava o filho e sua dor, e tentava ajudá-lo a seguir seu caminho.

Pietro pegou alguns poucos pertences e seguiu sem rumo, deixando Roma.

Rebeca, no dia em que esse triste episódio acontecera, sentira náuseas e mal-estar, e pedira à criada que lhe fizesse uma bebida quente. Como melhorara, não atribuiu aquilo a algo ruim que pudesse ter acontecido. Só muito tempo depois é que viria a saber o que havia ocorrido.

No dia seguinte a esses tristes acontecimentos, Rebeca arrumara-se para ir junto de Augustus, seu filho e Tarso ao Coliseu. Soubera pela criada que muitos haviam sido convidados, e Rebeca sabia que ficaria em um lugar reservado para as autoridades, ao lado de Augustus. Se não fosse pela presença de Tarso a acompanhá-los, certamente não iria.

Estava pronta e, junto do esposo, do filho e de Tarso, partiram.

Rebeca nunca havia estado lá e ficou admirada em ver o número de pessoas que se espremiam a fim de observar o espetáculo a ser apresentado. As vozes que repercutiam em seus ouvidos clamavam para que o espetáculo começasse.

Algumas esposas também estavam lá, e Rebeca perguntava-se se vinham frequentemente assistir àquilo junto dos seus. Será que só ela nunca tinha vindo? Não iria perguntar, mas sabia que aquela ida ao Coliseu não se repetiria.

Com a autorização do imperador, os mambembes entraram e divertiram o público, que delirava com os malabarismos e as peripécias no ar. A própria Rebeca achou divertido vê-los. Nunca tinha presenciado um espetáculo assim e ficou admirada com o que conseguiam fazer.

Augustus ofereceu-lhe uma bebida, mas Rebeca recusou.

Seu filho ria com o público, que pedia a entrada dos gladiadores.

Rebeca não sabia o que iria acontecer, mas uma inquietação começou a invadi-la e procurou se controlar. Esperava que aquilo tudo terminasse logo. Queria voltar para casa.

CAPÍTULO 39

Os mambembes permaneceram ainda um pouco a distrair o público e então iniciou-se a luta entre os gladiadores.

Rebeca ouvira somente falar a respeito, mas nunca estivera presente a um espetáculo – se é que poderia se chamar assim – desses.

A luta travada e imposta de um combatente a outro era violenta, mas toda a arena vibrava a cada golpe dado por um ou outro. Um deles sempre perecia, e as lutas se sucediam.

Rebeca queria ir embora e não presenciar mais nenhum combate. Tarso olhava-a, percebendo que não estava gostando. Augustus e o filho, ao contrário, esbravejavam, indo a favor de um ou outro lutador, e agora já nem notavam a presença de Rebeca. Esta, em certo momento, levantou-se e pediu a Tarso que a levasse para casa. Aquilo fora suficiente para ela. Não poria mais os pés ali.

Augustus viu que Tarso e Rebeca conversavam e dirigiu-se a eles:

– O que queres, minha querida? Não estás gostando do espetáculo?

– Sinceramente, Augustus, não vejo o que se possa gostar em ver dois homens lutando até que um ou outro caia, sucumbindo ao golpe fatal.

– Se queres ir para casa, eu mesmo irei levá-la. Espere mais um pouco, que a luta vai terminar e teremos o espetáculo final.

Rebeca sentou-se, aliviada em saber que logo iria embora, mas ainda teria outra apresentação, pelo que Augustus havia falado.

As lutas deram-se por encerradas, e o lutador vencedor foi aclamado. "O que será que vai se suceder agora?", perguntou Rebeca a si mesma.

A multidão era incansável, e agora pediam por justiça. Rebeca não entendia o que queriam dizer, até que viu um grupo de homens e mulheres de todas as idades entrarem na arena. Só então compreendeu o que se daria. Olhava aquelas pobres criaturas e não imaginava que entre elas estaria sua melhor amiga. Amarílis fora presa com outros homens e mulheres e seria entregue às feras por não ter seguido as leis estabelecidas.

Rebeca, por um instante, pareceu reconhecer um rosto. Agora via que Amarílis estava junto do grupo e tentou intervir, pedindo a Augustus que parassem com aquela covardia, mas não houve tempo para isso. Assim que viu as feras se aproximando, desmaiou e só recuperou a consciência quando chegou em casa. Augustus, seu filho e Tarso constataram que aquela cena fora demais para Rebeca.

A criada, aos poucos, fez Rebeca recobrar os sentidos, e esta viu que estava em seu leito. Pôde observar a preocupação no rosto de todos. Agora lembrava-se do que havia acontecido e de Amarílis na arena. O choro convulsivo não podia ser controlado, e Rebeca voltou-se para Augustus, dizendo-lhe quem estava lá.

Augustus, pego de surpresa, percebeu o real motivo que fizera Rebeca desmaiar, e não podia tirar-lhe a razão. Sabia da amizade de Rebeca pela jovem mártir e não imaginava que a amiga proferia outra fé além da dos deuses. Será que Rebeca sabia disso? Augustus retirou-se do aposento, pois viu que Rebeca não tinha condições de falar, e ele mesmo não sabia o que dizer.

Augusto segurava a mão da mãe, que retirou da sua. Augusto olhava para ela, e Rebeca pediu que todos saíssem. Queria estar só. Augusto atendeu ao pedido da mãe, assim como Tarso e a criada.

Rebeca não parava de chorar, imaginando o sofrimento de sua querida amiga. Como isso pudera acontecer? Como os deuses haviam permitido que pessoas inocentes perecessem daquela forma? A revolta tomou conta de Rebeca, e ela jurou que dali em diante seria outra pessoa. Não toleraria mais nada. Aquele triste episódio fora o bastante para rever sua vida e tudo o que tivera de suportar até então.

Nos dias que se seguiram, pouco se escutara da boca de Rebeca.

Augustus via seu comportamento, mas preferiu calar-se a começar uma discussão. Fazia o possível para entender o que Rebeca sentia, embora não concordasse em saber que sua amiga seguia outra fé.

Amarílis cumprira seu destino. Agora, junto de espíritos que a ajudavam a ingressar em uma outra dimensão, descansava das lutas terrenas.

Teotônio observava a filha e orava para que seus sentimentos dessem lugar à piedade pelos que tinham cometido tal barbárie, mas nem o próprio Teotônio conseguia abrandar o coração de Rebeca.

De que valera tentar conter seus impulsos de liberdade, casar-se com um homem que não amava, mudar-se para Roma, calar-se por tantas vezes?, pensava ela. O resultado fora aquele. Ver aquela triste cena: uma das pessoas que mais havia amado ser dilacerada, servindo de espetáculo para a multidão enlouquecida. Insanos, todos eles. Rebeca não sabia o que faria de sua vida de agora em diante. Mas sabia que não toleraria olhar mais para Augustus e, para sua maior tristeza, o filho também compactuava com tudo o que assistira.

Não lhe sobrara nada. Se pudesse voltar atrás, começaria tudo de novo, mas isso não era possível.

A revolta e o sentimento de Rebeca tomaram uma proporção que agora seu corpo físico sentia. As náuseas voltaram, assim como dores estomacais dilacerantes. Rebeca desenvolvia uma úlcera e precisava sempre de cuidados para que sua condição não piorasse.

Tarso se revezava entre suas tarefas e fazer melhor seus dias, e ela agradecia as palavras de conforto e a atenção prestada por ele.

Augustus agora passava a ver os dois mais unidos, assim como a mãe de Tarso.

Rebeca sabia que sua melhora dependia de seus sentimentos, mas nem sempre conseguia se controlar e piorava.

Após seis meses da morte de Amarílis, Rebeca pediu a Tarso que a acompanhasse em uma cavalgada, e Tarso assim o fez. Nos últimos dias, sentia-se sem dor e queria respirar ar puro. Roma para ela estava longe de ser o lugar ideal, fosse para o que fosse.

Pegou alguns pertences e dirigiu-se a sua antiga casa. Será que ainda estaria lá? Será que, com a idade, conseguiria cavalgar por tanto tempo? Mas não mudaria de ideia. Tarso seguiu feliz com Rebeca, pois poderiam estar a sós por mais tempo.

Rebeca sabia que não voltaria aquela noite para casa, mas já não se importava com mais nada, tampouco com o que diziam dela. Depois de quase um dia, avistou sua pequena casa. Lágrimas brotaram-lhe dos olhos, e Tarso viu sua emoção.

Rebeca desceu do cavalo, e Tarso ajudou-a a entrar em sua antiga casa. Lembrou-se do nascimento de Augusto e dos primeiros tempos de casada.

Tudo estava empoeirado e não sabia como iria limpar aquilo, mas daria um jeito. Pediu que Tarso acendesse a pequena lareira e começou a abrir as janelas para entrar ar fresco.

Poderia ter sido feliz com Augustus lá mesmo. Por que ele insistira em servir Roma e que mudassem para lá? Aceitaria seu destino se assim fosse, mas Augustus não pensara no que ela sentia. Agora ela faria o mesmo enquanto fosse viva.

Espanou um pouco a poeira, e agora, junto da lareira e de Tarso, comia um pedaço de pão e de queijo que havia levado. Sabia como a noite iria terminar; deixaria se envolver novamente pelos braços de Tarso e esqueceria como vivera até então. Entregou-se a ele até que nada mais parecesse existir.

CAPÍTULO 40

No dia seguinte, Rebeca acordou e viu que Tarso ainda dormia. Era um homem bonito, mas, mais que isso, sua alma era doce. Não tinha a feiura dos homens. Sabia escutar, e isso fazia bem a Rebeca.

Não o amava, é certo. Se seu sentimento tivesse de pertencer a alguém, este seria Otaviano. Quando sentira seu olhar penetrar-lhe, sabia o que se passava em seu íntimo, e ele no dela. Gostaria de vê-lo novamente; quem sabe agora poderia conhecê-lo melhor.

Estava cansada dos homens da sociedade, de Roma e de tudo o que cerceava sua vida, fazendo-a prisioneira e tirando-lhe a liberdade de se apresentar como era ou como gostaria de ser.

Tarso acordou e procurou por ela. Rebeca olhou-o e mais uma vez entregou-se a seus carinhos.

O que será que Augustus estaria pensando? Diria que tinham ido cavalgar e que haviam ficado presos em alguma tempestade, ou que a pata de algum cavalo se quebrara e tiveram de deixá-lo no caminho, ficando só com um animal.

Após entregarem-se de novo um ao outro, Rebeca pediu a Tarso que viesse observar que lugar lindo era aquele onde morava antes de ir para Roma. Mostrava-lhe os campos e as colinas, e Tarso disse que deveria ser muito bom morar ali. O ar puro fazia bem aos pulmões, e tudo parecia adquirir vida longe do tumulto de Roma.

Se pudesse, Rebeca pediria para voltar a morar lá. Pediria? Não, não iria ficar mais à mercê de nada. Faria o que quisesse. Só sentia por seu filho Augusto. Por que também ele mudara?

Disse a Tarso que deveriam ir embora. Ele concordou, e Rebeca olhou mais uma vez sua casa, partindo novamente para Roma.

Como era previsto, Augustus a esperava.

– Vejo que não estavas sozinha. O que aconteceu?

– Posso explicar – disse Rebeca. – Se tiveres paciência de esperar.

– Não estou com muita, mas farei o possível para que meu juízo me guie.

– Pedi a Tarso que me acompanhasse em uma cavalgada. Precisava esquecer o que aconteceu a Amarílis. No meio do caminho, não passei bem e não tive mais condições de continuar. A noite se aproximava, e pedi a Tarso que, por ora, nos abrigássemos e passássemos a noite. Havia levado uma fruta e dormi pesadamente. Quando acordei, senti-me melhor e voltamos. Só isso!

Tarso deixou que Rebeca falasse. Augustus olhava para os dois e, mesmo sem se convencer, procurou escutar. Ficaria de agora em diante com olhos atentos a vigiar Rebeca e Tarso. Não seria feito de idiota na própria casa.

A mãe de Tarso conversou com o filho assim que pôde, e este confirmou a versão de Rebeca. Ela, como mãe, sabia que algo mais existia e pediu que tivesse cuidado.

Augusto pouco parava em casa. Assim como o pai, era querido em Roma. Tinha uma presença forte, no sentido de opinião e crítica, e fazia com que, assim como Augustus, fosse escutado. Com pouca idade, Augusto já seguia os passos do pai, e este se orgulhava disso.

Rebeca sentia saudades de quando era pequeno e vivia perto dela a perguntar-lhe sobre isto ou aquilo. Agora já seguia seu destino, e Rebeca acreditava não fazer parte dele como gostaria.

Augustus, por sua vez, pouco conversava com Rebeca. Não engolira a história contada, mas esperava a oportunidade que os deuses haveriam de lhe dar, e aí então seria sua vez.

Rebeca sabia que Augustus não havia acreditado, mas o que poderia fazer? Ela também tivera de presenciar sua amiga ser devorada por aquelas feras, e isso jamais esqueceria, mesmo que vivesse muitas vidas. Desde então, Rebeca passara a levar sua vida como se não fosse mais casada com Augustus. Ele também não lhe dava satisfações, e ela amanhecia e dormia sem muitas vezes ver seu rosto. Sentia-se mais e mais sozinha, e, quando Tarso não estava de guarda, fazia-lhe companhia.

Os olhos da criada, porém, estavam sobre os dois, e Rebeca via que sua relação com quem antes considerava uma amiga também tinha mudado.

Teotônio via a filha e orava para que a revolta que sentia fosse diluída e um sentimento de piedade se apropriasse dela. Mas suas orações não chegavam ao coração de Rebeca, que, endurecido, não sentia as vibrações emanadas.

Um mês após ter ido cavalgar com Tarso, Augustus pensou em dizer que iria escolher novos cavalos e que Augusto o acompanharia. Deixaria Rebeca só, mas ficaria à espreita e pegaria Rebeca e Tarso quando menos esperassem. Mandaria Augusto em seu lugar, para poupar o filho de ver tal cena.

Rebeca, quando ouviu que Augustus permaneceria fora, pensou se não seria uma armadilha, mas, como viu que Augusto iria, tranquilizou-se.

Augustus ficaria próximo a sua residência, em outra casa, e aguardaria o dia de seu suposto retorno.

Viu que Rebeca não se ausentara de lá. Não fora cavalgar nem saíra para as compras. Tarso fora permanecer de guarda, e tudo parecia normal. Será que se enganara?

Após cinco dias, observou que Tarso voltara ao anoitecer e viu Rebeca na varanda, a contemplar o céu, como sempre gostava de fazer. O pensamento de ver os dois juntos tirava-lhe a razão e não sabia se conseguiria se controlar.

Na calada da noite, Augustus entrou em sua casa, mas viu que Rebeca dormia só. Tarso escutou o grito de Rebeca, que se assustara com Augustus, e foi ver o que era. Augustus, ao ver Tarso entrar, puxou a espada. Tarso também estava de punho da sua. Travaram então uma luta e, como era mais jovem que Augustus, ao se desvencilhar de um golpe para salvar a vida, sua espada atingiu o mais velho, que caiu sem vida.

Rebeca e a criada, desesperadas, olhavam a cena, sem acreditar no que tinha acontecido. Augustus estava morto e agora teria de avisar sobre sua morte.

Augusto chegou a tempo para o funeral do pai, mas não entendia o que acontecera.

Rebeca, com a chegada do filho, constatou que aquilo fora uma armadilha. Para Augusto, porém, ela disse que o pai havia se assustado com Tarso; este, por sua vez, pensara se tratar de um ladrão e, no escuro, desfechara-lhe o golpe.

Augusto, que já desconfiava de sua mãe e de Tarso, revoltou-se com seu mais caro amigo, e ambos entraram em duelo. Tarso, por amar seu irmão e querido amigo Augusto, deixou que a espada deste o perpassasse. Não seria capaz de matá-lo, nem mesmo por Rebeca.

Rebeca agora via-se realmente só. Seu filho tirara dela a única pessoa que a entendia.

A criada chorava ao lado do corpo de Tarso, e Rebeca não sabia mais o que seria de sua vida.

Augusto, com a honra lavada, era aclamado e substituiria o pai a serviço de Roma.

A criada disse a Rebeca que voltaria para sua casa, pois não tinha mais condições de permanecer ali. Rebeca então decidiu voltar para sua antiga casa, dizendo ao filho que, se um dia precisasse dela, ela estaria esperando por ele.

Mais uma vez Rebeca montou em seu cavalo e agora partia de Roma novamente. Não fora assim que planejara tudo. Não queria que Augustus tivesse aquele fim, nem Tarso. Estava só, como sempre estivera. Só com seus pensamentos. Agora não teria ninguém para lhe dizer o que deveria fazer ou como deveria agir.

De volta à antiga casa, esperaria até que chegasse o dia também de sua partida desta vida.

Otaviano soubera do acontecido, mas na época não estava em Roma. Imaginava como Rebeca deveria estar se sentindo e pensou em ir atrás dela. Não estava mais casada e, portanto, não haveria empecilhos quanto a ficarem juntos.

Foi até sua casa em Roma, mas lá tudo estava fechado. Soubera que o filho agora morava em outro local e que a casa não tinha moradores. Lembrou-se de onde vira Rebeca pela primeira vez e decidiu ir até lá.

Como previra, avistou Rebeca, que cuidava de um vaso de plantas. Estava bonita, embora suas vestes fossem mais simples e seu rosto estivesse marcado pela dor.

Otaviano desceu do cavalo, e uma lágrima escorreu dos olhos de Rebeca, que deixou-se ser acolhida por ele.

Otaviano levantou seu rosto e a beijou, e Rebeca entregou-se a ele. Finalmente poderia estar com aquele homem que viera da Gália e pelo qual havia se apaixonado desde o primeiro instante.

Otaviano continuaria seus trabalhos em Roma, mas agora tinha para onde ir. Nunca se casara e, ao conhecer Rebeca, sempre tivera a esperança de um dia dividir seus dias com ela.

Rebeca esperava por Otaviano quando este podia se ausentar de Roma, mas seu filho Augusto nunca soube de seu envolvimento com ele. Ela nunca mais viu Augusto e permaneceu naquela casa até o último dia de sua vida.

Pietro, antes de partir, deixara os filhos com seu único irmão, Lúcio, e depois de muito andar voltou para criá-los, seguindo o que Teotônio havia lhe intuído.

Lúcio morreu pouco tempo depois. Sua enfermidade agravou-se, fazendo-o deixar o corpo físico rumo à pátria espiritual.

Pietro também soube da morte de sua irmã. Não tinha ciência de tudo o que havia lhe acontecido, nem de que Rebeca mudara-se para o campo novamente.

Augusto soube da morte de Rebeca por Otaviano, que partiu para a Gália e lá permaneceu até envelhecer.

Os laços de amor entre Rebeca e Otaviano se mantêm até os dias de hoje. Muitas coisas mudaram desde então, mas isso será contado em uma outra história...

FIM